CATALOGUE

DE LA

BIBLIOTHÈQUE

COZETTE.

BIBLIOTHÈQUE COMMUNALE
DE LA VILLE D'AMIENS.

CATALOGUE

DE LA

BIBLIOTHÈQUE

LÉGUÉE PAR

M. COZETTE.

AMIENS,

Imprimerie de **Duval** et **Herment**, place Périgord, 1.

1844.

NOTICE

SUR M. COZETTE.

—◦◦❦❧◦◦—

M. Louis-Jacques-Alexandre COZETTE, qui s'est
acquis tant de titres à la reconnaissance de la ville
par les legs généreux qu'il lui a faits, est né à Amiens
le 17 août 1766, sur la paroisse de St.-Firmin-le-
Confesseur, de Charles-Alexandre Cozette et de Gé-
neviève Lucas. Son père appartenait à une ancienne
et honnête famille de négociants, et, après avoir
exercé comme eux le commerce, il avait acheté,
en se retirant des affaires, une charge de Tréso-
rier de France qui, comme on sait, conférait une
sorte de noblesse. Il fit suivre à son fils les cours
du collège d'Amiens, et, à sa mort, il lui laissa
une fortune indépendante dont ce dernier fit un
judicieux usage, en rapport avec la simplicité de
ses goûts et son penchant naturel pour la retraite;

les plaisirs de la campagne, l'exercice de la chasse, la société de quelques amis auxquels il faisait avec cordialité les honneurs de sa maison, suffirent à l'emploi de son temps. S'il ne chercha jamais les fonctions publiques et se tint toujours éloigné des affaires, ce n'était pas le résultat d'un froid égoïsme ; et la bonté de son âme, les vues bienfaisantes que ses dernières dispositions ont révélées avec tant d'éclat, étaient appréciées de toutes les personnes qui étaient en relation avec lui. Quoique son abord eût quelque chose de froid et de réservé, ses fermiers le trouvaient toujours obligeant et serviable, ils lui étaient sincèrement attachés et lui portaient cette vénération dont les propriétaires du bon vieux temps se rendaient, dit-on, plus souvent dignes que ceux de l'époque actuelle. Ses domestiques ressentaient particulièrement les effets de son bon cœur ; il les soignait dans leurs maladies, entourait leur vieillesse de soins affectueux, et les gardait chez lui, quoique infirmes, comme s'ils eussent été des membres de sa famille.

M. Cozette avait été marié, mais cette union fut stérile et peu heureuse ; depuis long-temps ces liens avaient été rompus. Lorsque les infirmités que l'âge amène l'obligèrent à une vie sédentaire, il consacra

à la lecture les loisirs d'une existence qui fut toujours aussi simple que paisible; il relut les écrivains qui font la gloire de notre littérature, les
historiens, les voyageurs qui nous transportent par
la pensée dans tous les temps et dans tous les lieux ;
en méditant nos moralistes et nos philosophes, il
se fortifia dans les principes qui avaient guidé sa
vie entière, et qui lui apprirent que de toutes les
gloires la plus solide et la plus pure est celle de
contribuer au soulagement des misères de l'humanité
et au bien-être de son pays.

Riche et sans héritiers directs, M. Cozette était
libre de se livrer au penchant de son cœur et de réa-
liser ses généreux projets ; entre les diverses manières
d'employer sa fortune, il choisit avec discernement
celle qui aurait pour effet de fermer une des plaies
les plus invétérées de notre cité ; le legs qu'il a
fait à la ville, destiné spécialement à l'extinction
de la mendicité, était un des plus signalés services
qu'il pût lui rendre et attirera sur sa mémoire les
bénédictions de tous ses concitoyens.

M. Cozette est décédé le 22 mars 1842, et a été
inhumé, suivant son désir, dans le cimetière com-
mun de la commune de Querrieux.

Le Corps municipal s'empressa de rendre à cet

homme bienfaisant les honneurs publics dont il était
digne. Une cérémonie funèbre fut célébrée le 7
avril 1842, dans l'église cathédrale, comme mani-
festation de la reconnaissance de la cité. Toutes
les autorités et un grand concours de citoyens as-
sistèrent à cette cérémonie, et confondirent leurs
regrets avec ceux de la famille.

Mais là ne devait pas se borner l'hommage dû
à tant de philantropie; le buste de M. Cozette fut
inauguré, le 22 mars 1843, jour anniversaire de son
décès, dans la galerie récemment construite pour
l'agrandissement de la bibliothèque communale, et
à laquelle son nom a été donné. C'est dans ce
lieu où sont déposés les cinq mille et plus de volumes dont il a doté la ville, dans ce lieu tout
plein de ses libéralités, que l'on se plaît à méditer
sur le testament de cet ami de la science et de
l'humanité.

Voici, de ce testament, les principales dispositions
charitables auxquelles on ne saurait donner trop de
publicité.

« Je donne et lègue trois cents francs pour être remis à
» M. le curé de la paroisse de Notre-Dame d'Amiens, qui
» les distribuera aux pauvres.

» Pareille somme qui sera remise à M. le curé de Quer-
» rieux qui les distribuera aux pauvres de sa paroisse.

» Je donne et lègue au bureau de bienfaisance une
» somme de deux mille francs.

» Je donne et lègue à la bibliothèque communale d'A-
» miens tous mes livres se trouvant dans mes deux maisons
» d'Amiens et de Querrieux.

» Je donne et lègue à la ville d'Amiens une somme de
» deux cent soixante mille francs que j'entends être con-
» sacrée à la fondation et à l'établissement d'une maison
» de secours et de travail aux individus des deux sexes,
» valides ou invalides, de notre ville qui se trouveraient
» réduits à la mendicité.

» Une partie de ladite somme sera employée aux dépenses
» de premier établissement et l'autre partie sera placée en
» rentes sur l'état, pour le revenu être consacré à l'entre-
» tien et aux dépenses annuelles.

» Le but de cet établissement est de contribuer à l'ex-
» tinction de la mendicité, cette plaie de notre ville.

» Je m'en repose sur la sagesse de l'autorité publique
» pour y introduire les règlements convenables.

» J'exprime seulement le vœu :

» 1.° Que les deux sexes y soient séparés ;

» 2.° Que les individus admis n'y soient ni logés, ni
» nourris, mais que divers genres de travail appropriés à
» leurs facultés leur soient procurés.

» 3.° Que le salaire de ce travail soit calculé de manière

» à leur procurer les moyens de subsistance sans nuire à
» l'industrie ni aux ateliers de la ville.

» 4.º Que le produit de ce travail soit vendu et le prix
» consacré à accroître les ressources de l'établissement.

» 5.º Et enfin que cet établissement porte le nom de son
» fondateur.

» Je n'exprime point ce dernier vœu par un motif de
» vanité, mais afin d'encourager peut-être quelques-uns
» de mes concitoyens à imiter mon exemple, pour le bien
» de l'humanité.

» Je désire que mon portrait, celui de mon père qui a
» été administrateur de l'Hôpital Saint-Charles, sous l'épis-
» copat de feu monseigneur de Machault, et le portrait de
» ma mère soient placés dans l'établissement ci-dessus dé-
» signé, avec une inscription honorifique de la personne
» qu'ils représentent.

» Ces portraits sont actuellement placés dans ma maison
» d'Amiens.

» Enfin, en retour du bienfait que je procure à la ville,
» je la charge de l'entretien à perpétuité de la tombe où
» repose mon père et où je dois reposer un jour dans le
» cimetière de la commune de Querrieux.

» Jusqu'à la remise de mon legs il produira intérêt au
» taux de quatre pour cent.

» Je nomme pour mon exécuteur testamentaire M. Duparc,
» notaire à Amiens, que je charge de veiller à la complète
» exécution de mes dernières volontés, voulant que pour

» éviter toute espèce de difficultés , on s'en rapporte à lui
» dans tous les cas douteux ; je l'ai instruit de mes ins—
» tructions.

» J'entends que tous mes legs particuliers soient délivrés
» francs et quittes de tous frais et droits quelconques. »

Les plus nobles sentiments se manifestent ici dans
tout leur éclat : ils pénètrent tous les cœurs de la
plus profonde gratitude. On ne peut assez connaître
l'auteur de tant de biens. On voudrait voir les caractères tracés par cette action bienfaisante qui a
placé dans sa vie une si belle page. Pour satis-
faire à ce désir légitime , on joint à cette notice
un fac-simile d'un extrait du testament du citoyen
qui a si noblement éternisé sa mémoire.

Les héritiers de M. Cozette se sont montrés dignes
de lui. Ils se sont empressés de donner leur ad-
hésion aux généreuses dispositions que son cœur lui
avaient suggérées.

TABLE SYSTÉMATIQUE.

HISTOIRE.

Fac Simile d'un Extrait du Testament
de M.r Louis Jacques Alexandre **Cozette**.

....

Je donne et légue à la Bibliothéque
Communale d'Amiens tous mes livres
se trouvant dans mes deux Maisons
d'Amiens et de Querrieux. —
Je donne et légue à la Ville d'Amiens
une Somme de deux Cent Soixante mil
Francs que J'entends être Consacré à la
fondation et à l'Etablissement d'une Maison
de Secours et de travail à ouvrir aux
Individus des deux Séxes Valides ou
Invalides de Notre Ville qui se trouveroient
Reduits à la mendiaté. —

....

....

Fait à Amiens le vingt
trois Septembre mil huit Cent trente
Neuf. / Louis Jacques Alexandre **Cozette**

CATALOGUE

DE LA

BIBLIOTHÈQUE

DE

M. COZETTE.

RELIGION.

I. Religion chrétienne.

1.º Traités généraux.

1. Essai sur l'indifférence en matière de religion, par l'abbé F. DE LA MENNAIS. 4.ᵉ édit.

Paris. 1818. 20. Tournachon et Cie. 2. Vol. in-8.º   d.r.

2. Démonstration des grandes vérités de la religion chrétienne d'un père à son fils, par FR. DUPUIS, jurisconsulte à Amiens.

Amiens. 1825, Aug. Caron. 1 Vol. in-8.º   d.r.

3. Pensées de BLAISE PASCAL.

Paris. 1824. Lefebvre. 2 Vol in-18.

4. Le Génie du Christianisme, par M. le vicomte de CHATEAUBRIAND.

Paris 1829. Ladvocat. 4 Vol. in-8.º   r.v.

2.º ÉCRITURE SAINTE.

5. La Sainte Bible, contenant l'ancien et le nouveau testament, traduite sur la vulgate, par M. LE MAISTRE DE
SACY.

> **Paris. 1831. J. Smith. 1 vol. in-8.º à 2 col.**   r.v.

6. La Sainte Bible en latin et en français, avec des notes
littérales, etc., tirées du commentaire de D. AUG. CAL-
MET, de M. L'ABBÉ DE VENCE, etc., 2.º édit. (Par
L. E. RONDET.)

> **Paris. 1767-73. Boudet. 17 vol. in-4.º cart. et fig.**   d.r.

7. Histoire du vieux et du nouveau testament, enrichie
de plus de 400 figures en taille-douce.

> **Amsterdam 1700. P. Mortier. 2 vol. in-fol.**   r.v.

8. Le Psautier en français, traduction nouvelle, avec des
notes, etc., précédé d'un discours sur l'esprit des
livres saints et le style des prophètes, par J. F. LA
HARPE.

> **Paris. An XI. 1804. Migneret. 1 vol. in-8.º**   d.r.

9. Les Conseils de la sagesse ou recueil des maximes de
Salomon les plus nécessaires à l'homme pour se
conduire sagement, avec des réflexions sur ces maximes, (par le P. BOUTAUD, jésuite.) 7.º édit.

> **Paris. 1736. Libraires associés. 1 vol. in-12.**   r.v.
> (On attribue aussi cet ouvrage au surintendant Fouquet.)

10. Dictionnaire historique, critique, chronologique, géographique et littéral de la Bible, par DOM AUG. CAL-
MET, bénéd. N.º édit., corrigée et augm., dans laquelle le supplément a été refondu.

> **Toulouse. 1783. Étienne Sens. 6 vol. in-8.º**   r.v.

11. Explication des épîtres de St. Paul, par BERNARDIN DE
PICQUIGNY. 7.º édit.

> **Paris. 1830. Mequignon Junior. 4 vol. in-12.**   d.r.

12. Evangile médité et distribué pour tous les jours de l'année, suivant la concorde des quatre évangélistes, par GIRAUDEAU, revu et corrigé par l'abbé DUQUESNE.

Paris. 1829. Dufour et Cie. 8 Vol. in-12.   d.r.

3.° LITURGIE.

13. Traité historique et dogmatique des fêtes principales et mobiles et des temps de pénitence de l'Église, pour servir de continuation et de complément aux vies dès Pères, des Martyrs et autres principaux saints, par A. F. (Traduit de l'Anglais d'ALB. BUTLER.)

Lyon. 1835. Perisse. 2 Vol. in-12.   d.r.

14. L'Office de la semaine sainte et de celle de Pâques, en latin et en français, selon le missel et le bréviaire de Rome et de Paris. 4.e édit.

Paris. 1723. Cie. des Libraires. 1 Vol. in-12.   r.v.

15. Heures nouvelles ou demi-bréviaire, à l'usage du diocèse d'Amiens. N.e édit.

Amiens. 1808. J. B. Caron. 1 Vol. in-18.   r. v.

4.° SS. PÈRES.

16. Bibliothèque choisie des Pères de l'Eglise grecque et latine, ou Cours d'Eloquence sacrée, par M. M. N. S. GUILLON, dédié au Roi.

Paris. 1828-29. Mequignon Havart. 35 Vol. in-12.   d.r.

17. Compendium de la bibliothèque choisie des Pères de l'Eglise grecque et latine, considérée sous le rapport de l'éloquence, par AUGUSTE LAFON.

Paris. 1834. Pelafol. 1 Vol. in-12.   d.r.

5.° THÉOLOGIE SCHOLASTIQUE ET DOGMATIQUE.

18. Dictionnaire de Théologie, par M. L'ABBÉ BERGIER, extrait de l'Encyclopédie méthodique. Edit. augm. de

1.*

tous les articles renvoyés aux autres parties de l'Encyclopédie.

Liège. 1789. Société typographique. 8 Vol. in-8.º   **d.r.**

19. Tractatus de Verbi divini incarnatione, auctore, P. CAROLO VUITASSE. Pars prima.

Parisis. 1719. Lottin. 1 Vol. in-12.   **r.v.**

20. L'Instruction des Prêtres, qui contient une très-importante doctrine pour connaître l'excellence du St. Sacerdoce, avec le moyen de s'en acquitter dignement, par A. MOLINA, chartreux de Miraflores, traduit de l'espagnol; par M. RENÉ GAUTIER. A. G.

Paris. 1622. Buon. 1 Vol. in-8.º   **r.v.**

21. Le château de Malpertuis, ou conversations sur les Commandements de Dieu et les obligations du chrétien.

Paris. 1829. Gaume. 1 Vol. in-18.   **r.v.**

22. Théorie de l'intérêt de l'argent, tirée des principes du droit national, de la théologie et de la politique, contre l'abus d'imputation d'usure. (Par RULLIÉ, refait par l'abbé GOUTTES, aidé du ministre TURGOT.)

Paris. 1780. Barrois. 1 Vol. in-12.   **r.v.**

6.º SERMONS.

23. Œuvres complètes du P. BOURDALOUE.

Paris. 1834. Gauthier frères. 16 Vol. in-12.   **d.r.**

24. Œuvres complètes de BOSSUET, évêque de Meaux.

Paris. 1837. Gauthier. 48 Vol. in-12.   **d.r.**

25. Œuvres inédites de BOSSUET, évêque de Meaux, dédiées à Mg.ʳ le duc de Bordeaux, par BEAUCÉ RUSAND.

(Logique, instruction au Dauphin sur la 1.ʳᵉ communion, fable latine.)

Paris. 1828. Beaucé Rusand. 1 Vol. in-8.º   **d.r.**

26. Œuvres complètes de MASSILLON, évêque de Clermont.

Paris. 1825. V.ᵉ Dabo. 14 Vol in-12.   **d.r.**

27. Œuvres complètes de FLÉCHIER, avec une notice ou

discours préliminaire sur la vie et les ouvrages de ce
célèbre orateur, par FABRE DE NARBONNE.

Paris. 1828. Boiste fils. 18 vol. in-8.º   **d.r.**

28. Sermons de l'abbé GÉRARD, chanoine de St.-Louis. N.ᵉ
édit., augm. de prônes inédits, précédée des Mémoires de ma vie, avec portrait et *fac simile.*

Paris. 1828. Blaise. 5 vol. in-12.   **d.r.**

7.º MYSTIQUES.

29. THOMÆ A KEMPIS de Imitatione Christi libri quatuor.
Editio nova et accuratissimè correcta.

Vesuntione. 1822. Chalandre. 1 vol in-18.   **r.v.**

30. Œuvres complètes de ST. FRANÇOIS DE SALES, évêque et
prince de Genève, ornées de son portrait et d'un
fac simile de son écriture, tiré d'un fragment inédit.
N.ᵉ édit. collat. augm.

Paris. 1836. Béthune. 4 vol. in-8.º   **d.r.**

31. Œuvres spirituelles de FRANÇOIS SALIGNAC DE LA MOTHE
FÉNÉLON. N.ᵉ édit., à laquelle on a joint son traité
de l'Existence de Dieu et ses lettres sur la Religion.

Paris. 1828. Dufour et Cie. 4 vol. in-12.   **d.r.**

32. Vie de Marie-Angélique de la Providence ou l'Amour
de Dieu seul, par BOUDON.

Paris. 1828. Mequignon-Havard. 1 vol. in-12.   **d.r.**

33. Adelaïde de Witsbury ou la Pieuse Pensionnaire, avec
sa Retraite spirituelle de huit jours, par le R. P. MI-
CHEL-ANGE MARIN, religieux minime. N.ᵉ édit.

Paris. 1825. Boiste fils. 1 vol. in-12.   **d.r.**

34. Nouvelles Chrétiennes, suivies de la légende de St.
Véran, évêque de Cavaillon.

Paris. 1837. Bailly et Cie. 1 vol. in-12.   **r.v.**

35. Virginie ou la Vierge chrétienne, histoire sicilienne,

pour servir de modèle aux filles qui aspirent à la perfection, par le R. P. Michel-Ange Marin.

Paris. 1828. Mequignon-Havard. 2 vol. iu-12.   **d.r.**

36. La Marquise de Los Valientes ou la Dame chrétienne. Hist. castillane, par le P. Michel-Ange Marin, minime.

Avignon. 1767. Niel. 2 vol. in-12.   **r.v.**

37. La parfaite religieuse, ouvrage également utile à toutes les personnes qui aspirent à la perfection, par le R. P. Michel-Ange Marin.

Paris. 1827. Boiste fils. 1 vol. in-12.   **d.r.**

38. Le parfait Domestique, par M. B. d'Exauvillez.

Paris. 1829. Gaume. 1 vol. in-18.   **r.v.**

8.° Théologie polémique.

39. Lettres provinciales, par Blaise Pascal, revues avec soin sur les différentes éditions par P. R. Auguis.

Paris. 1822. Froment. 2 vol. in-18.   **r.v.**

40. 1.° Phantosme du Jansénisme ou Justification des prétendus Jansénistes, par le livre mesme d'un Savoiard Docteur de Sorbonne leur nouvel accusateur, intitulé : les Préjugés contre le Jansénisme ; (par Ant. Arnauld.)

Cologne. 1686. Schouten.

(Il y manque le frontispice.)

2.° Essai du nouveau conte de ma mère l'Oie, ou les enlumiaures du jeu de la constitution, (par le P. Debonnaire, oratorien.)

(C'est l'édition de 1743, à laquelle il manque le frontispice, l'avertissement et la figure du jeu.)

1 vol. in-12.   **r.v.**

41. Relation de ce qui s'est passé dans l'affaire de la paix de l'Eglise sous le Pape Clément IX, avec les lettres,

actes, mémoires et autres pièces qui y ont rapport.
(Par. ALEX. VARET.)

> 1706. 2 vol. in-8.º   r.v.

42. Justification du Silence respectueux ou Réponse aux
Instructions pastorales et autres écrits de M. l'Arche-
vesque de Cambray.

> 1707. 3 vol in-12.   r.v.

43. Anecdotes ou Mémoires secrets sur la Constitution *uni-*
genitus. (Par VILLEFORE.)

> Tom. I. 1730. S. L. 1 vol. in-12.   r v.
>
> Tom. II. 1733. Trevoux. 1 vol. in-12.   r.v.
>
> Tom III. Utrecht. 1734. Lefebvre. 3 vol. in-12.   r.v.

9.º MÉLANGES RELIGIEUX, PHILOSOPHIQUES ET POLITIQUES.

44. De la Religion considérée dans ses rapports avec l'ordre
politique et civil par l'abbé F. DE LA MENNAIS. 3.ᵉ édit.

> Paris. 1826. Bur. du Mém. cathol. 1 vol. in-8.º   d.r.

45. Paroles d'un Croyant, (par F. DE LA MENNAIS.) 2.ᵉ édit.

> Paris. 1834. Renduel. 1 vol. in-8.º   d.r.

46. Paroles d'un Voyant ou Réponse aux paroles d'un Croyant
de M. l'abbé de la Mennais, par J. AUGUSTE CHAHO.

> Paris. 1834. Dondey Dupré. 1 vol. in-8.º   d.r.

10.º HISTOIRE DE LA RELIGION CHRÉTIENNE.

47. Histoire du Peuple de Dieu, depuis la naissance du
Messie jusqu'à la fin de la Synagogue, par le Père
BERRUYER. Edit. corrigée et enrichie de notes, par les
directeurs du Séminaire de Besançon.

> Paris. 1829. Gauthier frères. 10 vol. in-8.º   d.r.

48. Histoire générale de l'Eglise, depuis la prédication des
apôtres jusqu'au pontificat de Grégoire xvi, rédigée
à l'usage des séminaires et du clergé, publication
dont le fonds est emprunté à BÉRAULT BERCASTEL.

> Paris. 1835-36. Decourchant. 12 vol. in-8.º   d.r.

49. Histoire philosophique, politique et critique du christianisme et des églises chrétiennes, depuis Jésus jusqu'au xix.ᵉ siècle, par DE POTTER.

    Paris. 1836—37. Leclaire et Cie. 8 Vol. in-8.º   **d.r.**

50. Précis philosophique de l'histoire de l'Eglise, depuis la naissance de Jésus-Chrit jusqu'à nos jours, suivi d'autorités justificatives et d'une liste des principaux écrivains ecclésiastiques de tous les siècles, par EMILIEN LAVIGNE.

    Paris. 1826. Ponthieu. 1 Vol. in-8.º   **d.r.**

51. Réflexions sur l'état de l'Eglise en France pendant le xviii.ᵉ siècle et sur sa situation actuelle, suivies de mélanges religieux et philosophiques, par l'abbé F. DE LA MENNAIS.

    Paris. 1819. Tournachon et Séguin. 1 Vol. in-8.º   **d.r.**

52. Des Progrès de la Révolution et de la Guerre contre l'Eglise, par l'abbé F. DE LA MENNAIS.

    Paris. 1829. Bélin-Mandar. 1 Vol. in-8.º   **d.r.**

53. Relations de ce qui s'est passé de plus remarquable aux missions des Pères de la Compagnie de Jésus en la Nouvelle France, les années 1669 et 1670, envoyées au R. P. Etienne Dechamps, provincial de la province de France. (Par FRANÇOIS LEMERCIER.)

    Paris. 1671. Seb. Mabre Cramoisi. 1 Vol. in-8.º   **c.**

54. Lettres édifiantes et curieuses, écrites des missions étrangères. Mémoires du Levant. N.ᵉ édit.

    Paris. 1787. J. Mérigot. 2 Vol. in-12.   **r.v.**

11.º HISTOIRE DES HÉRÉSIES.

55. Histoire du Luthéranisme, par le P. LOUIS MAIMBOURG, 2.ᵉ édit.

    Paris. 1680. Seb. Cramoisy. 2 Vol. in-12.   **r.v.**

56. Histoire de la nouvelle Hérésie du xix.ᵉ siècle, ou
Réfutation complète des Ouvrages de l'abbé de La
Mennais, par M. N. S. GUILLON.

    Paris. 1835. **P. Méquignon et Cie.** 3 **Vol. in-8.**º   **d.r.**

12.º HISTOIRE DES CONCILES.

57. Histoire du Concile de Trente, traduite de l'Italien de
PIERRE SOAVE POLAN (*Paolo Sarpi*), par JEAN DIODATI.
4.ᵉ édit.

    Paris. 1665. **De Luyne.** 1 **Vol. in-fòl.**   **r.v.**

13.º HISTOIRE DES PAPES.

58. Résumé de l'Histoire des Papes, dédié aux mânes de
Clément xiv, par A· S. S. BOUVET DE CRESSÉ.

    Paris. 1826. **Langlois fils et Cie.** in-18.   **d.r.**

14.º HISTOIRE DES ORDRES RELIGIEUX.

59. Histoire des Ordres religieux et militaires, ainsi que
des congrégations séculières de l'un et l'autre sexe,
qui ont été établies jusqu'à présent, par le R. P.
HEYLOT. N.ᵉ édit., ornée de 812 figur.

    Paris. 1792. **Louis.** 8 **Vol. in-4.**º   **d.r.**

60. Histoire des Chevaliers hospitaliers de St.-Jean de Jérusalem, appelés depuis chevaliers de Rhodes et au-
jourd'hui chevaliers de Malte, par l'abbé de VERTOT.

    Amsterdam. 1772. 5 **Vol. in-12.**   **r.v.**

61. Histoire civile, religieuse et littéraire de l'abbaye de
la Trappe et des autres monastères de la même ob-
servance, par LOUIS DUBOIS.

    Paris. 1824. **Raynal.** 1 **Vol. in-8.**º   **d.r.**

62. Histoire abrégée de la Doctrine des Jésuites ou Extraits des Assertions dangereuses et pernicieuses sou-

tenues par les Jésuites dans leurs ouvrages dogmatiques, recueillies et imprimées par ordre du parlement en 1762.

Paris. 1826. Bourgeois. 1 Vol. in-18.°   **d.r.**

63. Les Jésuites modernes, pour faire suite au mémoire de M. le comte de Montlosier, par l'abbé MARTIAL-MARCEL DE LA ROCHE ARMAND.

Paris. 1826. Dupont. 1 Vol. in-8.°   **d.r.**

64. Réponse à la lettre du P. de Goville, ancien missionnaire de la Chine, adressée aux RR. PP. Jésuites.

Paris. 1736. La Société des Libraires. 1 Vol in-12.   **r.v.**

15.° HISTOIRE DES RELIQUES.

65. 1.° Dissertation sur la Translation du corps de St. Firmin-le-Confesseur, 3.ᵉ évêque d'Amiens, où l'on fait voir qu'il est dans l'église-cathédrale d'Amiens, contre ce qu'ont écrit l'auteur de la Lettre à un Curieux et feu M. Thiers, par DE LESTOCQ, chanoine d'Amiens.

Amiens. 1711. Ch. Caron-Hubault.

2.° Justification de la translation de St. Firmin-le-Confesseur, 3.ᵉ évêque d'Amiens, par M. DE LESTOCQ.

Amiens. 1714. Ch. Caron-Hubault. 1 Vol. in-12.   **r.v.**

16.° VIE DES MARTYRS, DES SAINTS ET DES ·PERSONNES PIEUSES.

66. Vies des Pères, des Martyrs et des autres principaux Saints, traduction libre de l'Anglais d'ALBAN BUTLER, par l'abbé GODESCARD.

Lyon. 1834-35. Perisse. 12 Vol. in-12.   **d.r.**

67. Abrégé des Vies des Pères des déserts d'Orient, par A. CAILLOT.

Paris. 1829. Dufour. 2 Vol. in-12.   **d.r.**

68. Vie de dom Barthélémy des Martyrs, archévêque de Brague en Portugal, traduite du Portugais par Le Maistre de Sacy et abrégée par Antoine Caillot.
   Paris. 1828. Mequignon-Havard 1 Vol. in-12.   **d.r.**

69. Vie de St. Charles-Borromée, archévêque de Milan, traduite et abrégée du latin du P. Basilica Petri, par A. Caillot.
   Paris. 1828. Mequignon. 1 Vol in-12.   **d.r.**

70. Vie de St François de Sales, évêque et prince de Genève, instituteur de l'ordre de la visitation de Ste.-Marie, par de Marsollier.
   Paris. 1826. Boiste fils. 2 Vol. in-12.   **d.r.**

71. Vie de St. François-Xavier, apôtre des Indes et du Japon, par le P. Bonhours. N.ᶜ édit.
   Paris. 1828. Mequignon. 2 Vol. in-12.   **d.r.**

72. Vie de M.ᵐᵉ Louise de France, religieuse carmélite, fille de Louis xv, par l'abbé Proyart.
   Paris. 1828. Mequignon-Havard. 1 Vol. in-12.   **d.r.**

73. Vie de la Reine de France, Marie Lecksinska, princesse de Pologne, par l'abbé Proyart, dédiée à mesdames de France ses filles, écrite sur les mémoires de la cour.
   Paris. 1828. Mequignon-Havard. 1 Vol. in-12.   **d r.**

II. Histoire générale des Religions.

1.º Traités généraux.

74. Histoire du Ciel, où l'on recherche l'origine de l'idolâtrie et les méprises de la philosophie sur la formation et les influences des corps célestes. 3.ᶜ édit.
   La Haye. 1742. Jean Neaulme. 2 Vol. in-12. planch.   **r.v.**

75. Histoire des différents peuples du monde, contenant

leurs cérémonies civiles et religieuses, avec l'origine et l'établissement des religions; leurs sectes et superstitions, les mœurs et usages de chaque nation. N.ᵉ édit.

Paris. 1773. Costard. 6 Vol. in-8.º   r.v.

76. Histoire des Religions et des Mœurs de tous les peuples du monde, avec 600 gravures représentant toutes les cérémonies et coutumes religieuses, dessinées et gravées par le célèbre B. Picart, publiées en Hollande par J. F. Bernard. 2.ᵉ édit.

Paris. 1846-49. Bélin. 6 Vol. in-4.º   d.r.

77. Origine de tous les Cultes ou Religion universelle, par Dupuis, citoyen français.

Paris. An. III. Agasse. 7 Vol. in-8.º   r.v.

78. Abrégé de l'origine de tous les Cultes, par Dupuis. N.ᵉ édit.

Paris. Ledoux. 1821. 1 Vol. in-8.º   r.v.

79. Histoire abrégée des différents Cultes, par J. A. Dulaure. 2.ᵉ édit.

Paris. 1825. Guillaume. 2 Vol. in-8.º   d.r.

(Tom. 1.ᵉʳ Des cultes qui ont précédé et amené l'idolatrie ou l'adoration des figures humaines. — Tom. 2.ᵉ Des divinités génératrices chez les anciens et les modernes)

80. Du Polythéisme romain considéré dans ses rapports avec la philosophie grecque et la religion chrétienne, ouvrage posthume de Benjamin-Constant, précédé d'une introduction de M. J. Matter.

Paris. 1833. Bechet aîné. 2 Vol. in-8.º   r.v.

81. De la Religion considérée dans sa source, ses formes et ses développements, par Benjamin-Constant.

Paris. 1830-31. Pichon et Didier. 5 Vol. in-8.º   r.v.

82. Histoire des Sectes religieuses qui sont nées, se sont modifiées, se sont éteintes dans les différentes contrées du globe, depuis le commencement du siècle

dernier jusqu'à l'époque actuelle, par GRÉGOIRE, ancien évêque de Blois. N.ᵉ édit. cor. aug.

Paris. 1828—29. **Baudouin.** 5 **Vol. in-8.**°   **d.r.**

83. Résumé de l'Histoire des Traditions morales et religieuses chez les divers peuples, par M. DE S.

Paris. 1825. 1 **vol. in-18**   **d.r.**

2.° RELIGION DES ANCIENS.

84. Recherches historiques et critiques sur les Mystères du
Paganisme, par le baron DE SAINTE-CROIX. 2.ᵉ édit., revue et corrigée par M. le baron SYLVESTRE DE SACY.

Paris. 1817. **Debure.** 2 **Vol. in-8.**°   **d.r.**

85. Fêtes et Courtisannes de la Grèce, supplément aux
Voyages d'Anacharsis et d'Antenor, comprenant la
chronique religieuse des anciens Grecs. (Par M. CHAUS-
SARD.) 4.ᵉ édit.

Paris. 1821. **Barba.** 4 **Vol. in-8.**°   **r.v.**

86. Dictionnaire de la fable ou mythologie grecque, latine,
égyptienne, celtique, persane, etc., par VICTOR
VERGER.

Paris. 1829. **Beaudouin.** 1 **Vol. in-16.**   **r.v.**

87. Connaissance de la mythologie par demandes et par
réponses. 7.ᵉ édit. augmentée de traits d'histoire qui
ont servi de fondement au système de la fable.

Paris. 1774. **V.ᵉ Savoye.** 1 **Vol. in-12.**   **r.v.**

88. Eléments de mythologie à l'usage des jeunes gens et
des jeunes demoiselles, ornés de 36 figures, par A.
L. DELAROCHE.

Paris. 1816. **Pelafol.** 2 **vol. in-12.**   **r.v.**

89. Mythologie pittoresque ou histoire méthodique univer-
verselle des faux dieux de tous les peuples anciens
et modernes, présentant un exposé des croyances

fabuleuses de la plupart des nations, etc., par J.
ODOLAN DESNOS.

> **Paris. 1836. Lavigne. 1 Vol. in-8 o**   **d.r.**

90. Lettres à Emilie sur la mythologie, par C. A. DE-
MOUSTIER. Edit. ornée de 62 grav. en taille-douce.

> **Paris. 1818. Th. Dabo. 6 Vol. in-18.**   **r.v.**

3.° MAHOMÉTISME.

91. Histoire du Mahométisme, contenant la vie et les traits
du caractère du prophète arabe, par CHARLES MILLS,
traduit de l'Anglais sur la 2.° édit. par M. Pxxx.,
docteur-ès-lettres.

> **Paris. 1825. Boulland. 1 Vol. in-8.°**   **d.r.**

92. Histoire de l'Alcoran, où l'on découvre le système politique et religieux du faux prophète, et les sources
où il a puisé sa législation, par M. TURPIN.

> **Londres. Paris. 1775. de Hausy. 2 Vol. in-12.**   **r.v.**

JURISPRUDENCE.

1.° DICTIONNAIRES, CODES, TRAITÉS PARTICULIERS.

93. Dictionnaire de Législation usuelle, contenant les notions du droit civil, commercial, criminel et administratif, avec toutes les formules, les actes, etc.,
par M. E. DE CHABROL CHAMÉANE, avocat.
Paris. 1835. Everat. 2 Vol. in-8.° maj.   **d.r.**

94. Histoire de la Barbarie et des Lois au moyen-âge, de
la législation et des mœurs comparées à celles des modernes, etc., par TOULOTTE et E. Th. RIVA, magistrats.
Paris. 1829. Dureuil. 3 Vol. in-8.°   **r.v.**

95. Le Droit public de l'Europe, fondé sur les traités,
par l'abbé de MABLY. N.e édit. corrig. et augm.
Genève. 1748. la Compagnie des Lib. 2 Vol. in-12.   **r.v.**

96. Les Lois civiles dans leur ordre naturel, le Droit public et *Legum delectus*, par M. DOMAT. N.e édit.,
revue par M. DE HÉRICOURT, avec notes de feu M.
DE BOUCHEVRET et de MM. BERROYER et CHEVALIER.
Paris. 1756. Nyon. 2 Vol. in-fol. rel. en 1.   **r.v.**

97. Les six Codes, précédés de la Charte constitutionnelle
et de ses lois organiques, accompagnés du texte
annoté des lois qui ont abrogé ou modifié plusieurs
de leurs dispositions, etc.
Paris. 1828. Brissot-Thivars. 1 Vol in-8.°   **r.v.**

98. Le Coutumier de Picardie, contenant les Commentaires

de Heu, Dufresne et Ricard sur les Coutumes d'A-
miens, de Gosset sur celles de Ponthieu, de Le
Caron sur Péronne, Montdidier et Roye, de Du Bours
sur Montreuil-sur-Mer, etc., etc.

Paris. 1726. 2 Vol in-fol. r.v.

99. La découverte des Mystères du Palais, où il est traité
des parties en général, intendans des grandes maisons, procureurs, avocats, notaires et huissiers, etc.
2.ᵉ édit., augm.

Paris. 1694. Michel-Brunet. 1 Vol. in-12. r.v.

100. Les réglemens des Manufactures et Teintures des
étoffes qui se fabriquent dans le royaume, avec
les arrêts du Conseil rendus pour l'exécution desdits
réglemens.

Paris. 1704. Sangrani. 1 Vol. in-8.º r.v.

101. Traité de la juridiction des Trésoriers de France, tant
en matières de domaine et de voirie que de finances, (par Jousse, conseiller au présidial d'Orléans.)

Paris. 1777. Debure frères. 2 Vol. in-12. r.v.

102. Les Lois des Bâtimens suivant la coutume de Paris,
traitant de ce qui concerne les servitudes réelles,
les rapports des jurés-experts, les réparations locati-
ves, etc., par M. Desgodets, architecte du roi, avec
les notes de M. Goupy, architecte expert. N.ᵉ édit.,
aug. de la Conférence des Coutumes sur chaque article.

Paris. 1777. Debure. 1 Vol. in-8.º r.v.

103. Traité du Voisinage, considéré dans ses rapports avec
l'ordre judiciaire, par F. Fournel, ancien jurisconsulte.

Paris. an VII. Rondonneau. 2 Vol. in-12. d.r.

104. Traité du Voisinage, considéré dans ses rapports avec
l'ordre judiciaire et administratif, et dans ses rap-

ports avec le code civil, par F. FOURNEL, avocat. 4.ᵉ édit., revue par M. TARDIF, avocat.

Paris. 1834. Videcoq. 2 vol. in-8.º   d.r.

105. Code de la Liberté individuelle, renfermant les cas où le citoyen français peut être privé de cette liberté, à l'usage de tous, par M. FRANQUE.

Paris. 1830. Lefebvre. 1 vol in-18.   d.r.

106. Code de la chasse, Manuel complet du Chasseur, par HORACE RAISSON ; suivi du Code de la Pêche, par M. de C. (DE COUPIGNY.)

Paris. 1829. Lefebvre. 1 vol. in-18.   d.r

2.º MÉMOIRES ET CAUSES CÉLÈBRES.

107. Œuvres de COCHIN, avocat au parlement, contenant le recueil de ses mémoires et consultations. Dernière édit.

Paris. 1788. les libraires associés. 9 vol. in-8.º   r.v.

108. Recueil des Causes célèbres et des Arrêts qui les ont décidées, par MAURICE MÉJAN, avocat. 2.ᵉ édit.

Paris. 1808—14. Garnery. 12 vol. in-8.º   d.r.

109. Causes criminelles célèbres du XIX.ᵉ siècle, rédigées par une société d'avocats.

Paris. 1827. Langlois fils et Cie. 8 vol. in-8.º   d.r.

110. Causes politiques célèbres du XIX.ᵉ siècle, par une société d'avocats et de publicistes.

Paris. 1827. Langlois fils et Cie. 3 vol. in-8.º   d.r.

111. Causes célèbres étrangères, publiées en France pour la première fois et traduites de l'Anglais, de l'Espagnol, de l'Italien, de l'Allemand, etc.; par une société de jurisconsultes et de gens de lettres.

Paris 1827—28. Panckoucke. 4 vol in-8.º   d.r.

112. Chroniques du Crime et de l'Innocence, recueil des

2.

événements les plus tragiques, empoisonnements,
massacres, assassinats, parricides, etc.; par S. B.
S. CHAMPAGNAC.

Paris. 1833. Ménard. 8 Vol. in-8.º   d.r.

113. Procès célèbres de la Révolution ou Tableau historique de plusieurs Procès fameux tenant aux principaux événements de l'interrègne révolutionnaire,
par GUICHART, avocat.

Paris. 1814. Garnery. 2 Vol. in-8.º en 1.   r.v.

114. La Correctionnelle, petites Causes célèbres, Etudes
de Mœurs populaires au XIX.ᶜ siècle, accompagnées
de 100 dessins, par GAVARNI.

Paris. 1840. Martinon. 1 Vol. in-4.º   d r.

SCIENCES ET ARTS.

Histoire. — Traités généraux.

115. Encyclopédie ou Dictionnaire raisonné des sciences, des arts et des métiers, par une société de gens de lettres, mis en ordre et publié par Diderot et d'Alembert.

Paris. 1751—77. **Briasson.** 35 **vol. in-fol.**   r.v.

116. Esprit de l'Encyclopédie ou Recueil des Articles les plus curieux et les plus intéressants de l'Encyclopédie en ce qui concerne l'histoire, la morale, la littérature, etc., réunis en ordre par M. Hennequin. N.ᵉ édit.

Paris. 1822—23. **Verdière.** 15 **vol. in-8.**º   r.v.

117. Bibliothèque universelle des Dames.

Paris. 1785. — 151 **vol. in-18.**   r.v.d.s.t.

Cette collection est distribuée de la manière suivante : (Morale, 17 vol. — Physique, Chimie, Histoire naturelle, 16 vol. — Médecine domestique, 3 vol. — Mathématiques, 9 vol. — Musique, 2 vol. — Théâtre, 13 vol. — Romans, 24 vol. Voyages, 20 vol. — Atlas géographique, 2 vol. — Histoire, 30 vol. — Mélanges, 15 vol.)

118. Nouvelle Bibliothèque de Campagne ou les amusements de l'esprit et du cœur.

Bruxelles. Desjardins.

Paris. V.ᶜ Duchesne. 25 **vol. in-12.**   d.r.

2.*

119. Bibliothèque physico-économique, instructive et amusante, rédigée par MM. Parmentier et Deyeux.

Paris. 1782 à 1796. (An. VI.) 24 Vol. in-12. fig.   d.r.

Reprise par MM. Sonnini et Denys de Montfort.

Brumaire an XI. 1802—13. 24 Vol. in-12. fig.   d.r.

(Il manque sept volumes pour compléter cette série qui se termine en juin 1816 et forme 28 volumes.)

120. Encyclopédie moderne ou Dictionnaire abrégé des sciences, des lettres et des arts, avec l'indication des ouvrages où les diverses parties sont développées et approfondies, par Courtin, ancien magisgistrat, et une société de gens de lettres.

Paris. 1829-32. Encyclopédie. 26 V. in-8.° dont 2 de pl. d.r.

121. Dictionnaire de la Conversation et de la Lecture, par une société de savants.

Paris. 1832-39. Belin-Mandar. 52 Vol. in-8.°   d.r.

122. Dictionnaire chronologique et raisonné des découvertes, inventions, innovations, perfectionnement, observations nouvelles et importations en France, dans les sciences, la littérature, les arts, l'agriculture, le commerce et l'industrie, de 1789 à la fin de 1820.

Paris. 1822-24. Colas. 17 Vol. in-8.°   d.r.

123. Encyclopédie élémentaire de l'Antiquité ou origine, progrès, état de perfection des arts et des sciences chez les anciens, d'après les meilleurs auteurs, par Ch. P. Girault-Duvivier.

Paris. 1830. Janet. 4 vol. in.8.°   d.r.

124. De l'Origine des Lois, des Arts et des Sciences, et de leurs progrès chez les anciens peuples, par Antoine Yves Goguet. 6.ᵉ édit.

Paris. 1820. Lemonnier. 3 vol. in-8.°   d.r.

I. Philosophie.

1.º Histoire.

125. Résumé de l'histoire de la Philosophie, par Laurent, avocat.

> **Paris. 1826. Lecointe et Durey. 1 vol. in-8.º**   **d.r.**

126. Philosophie du xviii.ᵉ siècle, ouvrage posthume de S. F. La Harpe.

> **Paris. 1825. Pelafol. 2 vol. in-8.º**   **r.v.**

127. Introduction à l'histoire de la Philosophie, par M. V. Cousin. (Cours de 1828.)

> **Paris. 1841. Didier. 1 vol. in-8.**   **d.r.**

128. Histoire de la Philosophie au xviii.ᵉ siècle, par M. V. Cousin.

> **Paris. 1841. Didier. 2. vol. in-8.º**   **d.r.**

2.º Philosophes anciens.

129. Œuvres complètes de Platon, traduites du grec en français, accompagnées de notes et précédées d'une introduction sur la philosophie de Platon, par M. V. Cousin.

> **Paris. 1822 et suiv. Bossange fr. et Rey. 13 vol. in-8.º d.r.**

130. Les livres de Cicéron de la vieillesse, de l'amitié, les paradoxes, le songe de Scipion, traduits en français sur l'édition latine de Grævius, par M. Debarrett, avec le latin à côté.

> **Paris. 1760. Barbou. 1 vol. in-12.**   **r.v.**

131. Œuvres de Senèque le philosophe, traduction de Lagrange, avec des notes de critique, d'histoire et de littérature.

> **Tours. an III. Letourmy. 7 vol. in-8.º**   **r.v.**

3.º PHILOSOPHES MODERNES.

152. Œuvres de DESCARTES, publiées par VICTOR COUSIN.
Paris. 1824-26. Levrault. 11 Vol. in-8.º . **d.r.**

153. Œuvres complètes de VAUVENARGUES, précédées d'une notice sur sa vie et sur ses ouvrages, et accompagnées de notes de VOLTAIRE, MORELLET et SUARD. N.ᶜ édit.
Paris. 1821. J. Brière. 3 Vol. in-8.º **d r.**

154. Œuvres philosophiques de LOCKE, nouvelle édition revue par M. THUROT.
Paris. 1821 à 25. Bossange fr. 7 Vol. in-8.º **d.r.**

155. Cours de Philosophie générale ou explication simple et graduelle de tous les faits de l'ordre physique, de l'ordre physiologique, de l'ordre intellectuel, moral, politique, par H. AZAÏS.
Paris. 1824. Boulland. 8 Vol. in-8.º **d.r.**

156. Leçons de Philosophie sur les principes de l'intelligence ou sur les causes et sur les origines des idées, par LAROMIGUIERE. 4.ᵉ édit.
Paris. 1826 Brunot-Labbe. 3 Vol. in-12. **d.r.**

157. Essai sur les vrais principes relativement à nos connaissances les plus importantes, par l'abbé GÉRARD, orné du portrait de l'auteur et de son *fac simile*.
Paris. 1826. Blaise. 3 Vol. in-8.º **d.r.**

158. Examen philosophique des considérations sur le sentiment du Sublime et du Beau dans les rapports des caractères, des tempéraments, etc. d'EMMANUEL KANT, par M. KERATRY.
Paris. 1823. Bossange. 1 Vol. in-8.º **d.r.**

4.º MÉLANGES DE PHILOSOPHIE MORALE.

159. Le Philosophe payen ou pensées de PLINE, avec un

commentaire littéraire et moral, par M. FORMEY.

>Leide 1759. Elie Luzac. in-12. tom. 1.   r.v.

140. Essais de MICHEL MONTAIGNE. N.ᵉ édit.

>Paris. 1818. Lefebvre. 6 Vol. in-18.   r.v.

141. De la Sagesse, trois livres par PIERRE CHARRON. Nouvelle édition publiée avec des sommaires et des
notes explicatives, historiques et philosophiques,
par M. AMAURY DUVAL.

>Paris. 1820.—24. Chasseriau. 3 Vol. in-8.º   d.r.

142. Les caractères de LA BRUYÈRE, suivis de ceux de
THÉOPHRASTE, traduits du grec par le même.

>Paris 1829. Werdet et Lequien fils. 2 Vol. in-8.º   d.r.

143. Maximes et Réflexions morales de LAROCHEFOUCAULD.

>Paris. 1835. Didot. 1 Vol. in-8.º   r.v.

144. Entretiens de PÉTRARQUE sur la bonne et mauvaise
fortune, ou l'art de vivre heureux. Traduct. nouv.
tom. I.

>Paris. 1673. Legros. in-18.   r.v.

145. Esprit, Maximes et Principes de M. JEAN—JACQUES
ROUSSEAU de Genève. (Par J. DE LA PORTE.)

>Neufchâtel. 1754. Libraires associés. 1 Vol. in-12.   r.v.

146. Considérations sur les Mœurs de ce siècle, par DUCLOS.

>Paris. 1751. 1 Vol. in-12.   d r.

147. L'Ecole des Mœurs ou réflexions morales et historiques sur les maximes de la sagesse, par BLAN-
CHARD. N.ᵉ édit. rev. cor.

>Lyon. 1810. Blache et Boyer. 3 Vol. in-12·   r.v.

148. De la Philosophie de la nature, ou traité de morale
pour le genre humain, tiré de la philosophie et
fondé sur la nature. (Par DE SALES.) 7.ᵉ édit. et
la seule conforme au Ms. original.

>Paris. 1804. Gide. 10 Vol. in-8.º Portr.   d.r.

149. Système de la Nature ou des lois du monde physique et du monde moral, par le baron d'Hol-
bach. N.ᵉ édit., avec des notes et des corrections
par Diderot.
Paris. 1821. Ledoux. 2 vol. in-8.°　　　　　　　**d.r.**

150. Théâtre du Monde où, par des exemples tirés des
auteurs anciens et modernes, les vertus et les
vices sont mis en opposition.
Paris 1788. Defer. 4 vol. in-8.°　　　　　**r.v.**

151. Traité du Vrai Mérite de l'homme, considéré dans
tous les âges et dans toutes les conditions, avec
des principes d'éducation propres à former les
jeunes-gens à la vertu, par Le Maître de Cla-
ville, doyen des finances à Rouen.
Amsterdam. 1742. 2 vol. in-18. rel. en 1.　　　**r.v.**

152. Eléments de Politesse et de Bienséance, ou la civi-
lité qui se pratique parmi les honnêtes gens, avec
un nouveau traité sur l'art de plaire dans toutes
les conversations, par M. Prevost.
Paris. 1767. V.ᵉ Duchesne. 1 vol. in-12.　　**r.v.**

153. Conseils de Morale ou essais sur l'homme, les mœurs,
les caractères, le monde, les femmes, l'éducation,
par M.ᵉ Guizot.
Paris. 1828. Pichon et Didier. 2 vol. in-8.°　　**d.r.**

154. Dictionnaire critique, pittoresque et sententieux, pro-
pre à faire connaître les usages de ce siècle, ainsi
que ses bisarreries, par l'auteur de la Conversation
avec soi-même. (Carraccioli.)
Lyon. 1768. Duplain. 3 vol. in-12.　　　　**d.r.**

155. Le Rodeur français ou les mœurs du jour, par de
Rougemont. 6.ᵉ édit. grav.
Paris. 1826. Bechet aîné. 4 vol. in-12.　　　**d.r.**

156. Galerie morale et politique, par le comte DE SÉGUR. 4.ᵉ édit.

> **Paris.** 1825—27. **Al. Eymery. 3 Vol. in-8.°** r.v.

157. Les quatre âges de la vie, étrennes à tous les âges, par le comte DE SÉGUR.

> **Paris.** 1820. **Al. Eymery. 1 Vol. in-12.** d.r.

II. Économie.

1.° TRAITÉS SUR L'ÉDUCATION.

158. Emile ou de l'éducation, par J.-J. ROUSSEAU.

> **Paris.** 1764. **Duchesne. 4 Vol. in-12.** r.v.

159. De l'Education, par M.ᵐᵉ DE CAMPAN, ouvrage mis en ordre et publié avec une introduction par M. F. BARRIÈRE.

> **Paris.** 1835. **Baudouin frères. 1 Vol. in-12.** r.v.

160. De l'Education des Mères de famille ou de la civilisation du genre humain par les femmes, par L. AIMÉ MARTIN.

> **Paris.** 1834. **Gosselin. 2 Vol. in-8.°** d.r.

161. Education domestique ou lettres de famille sur l'éducation, par M.ᵉ GUIZOT.

> **Paris.** 1826. **A. Ledoux. 2 Vol. in-8.°** d.r.

2.° OUVRAGES DESTINÉS A LA JEUNESSE.

162. Dictionnaire historique d'Education, par FILLASSIER.

> **Paris.** 1784. **Mequignon ainé. 2 Vol. in-8.°** r.v.

163. Eraste ou l'ami de la jeunesse, entretiens familiers dans lesquels on donne aux jeunes-gens de l'un et de l'autre sexe des notions suffisantes sur la plupart des sciences, par l'abbé FILLASSIER.

> **Avignon.** 1807. **2 Vol. in-8.°** r.v.

164. Les Conversations d'Emilie. (Par M.ᵐᵉ DE LA LIVE D'EPINAY.) 4.ᵉ édit.

    Paris. 1783. Bélin. 2 vol. in-12.   **d.r.**

165. Les Moyens de plaire ou examen des qualités propres à faire aimer et estimer un jeune homme dans le monde, d'après les lettres du comte DE CHESTER-FIELD à son fils, refondu par M. CAMPE; traduction libre de l'Allemand.

    Paris. 1804 (an XII). Cordier. 2 vol. in-18.   **r.v.**

166. Cléon ou entretiens d'un père avec son fils prêt à entrer dans le monde, traduction du Théophon allemand de M. CAMPE.

    Paris. 1824. Cordier. 3 vol. in-18.   **c.**

167. Elise ou entretiens d'un père avec sa fille sur la destination des femmes dans la société, traduit de CAMPE. 3.ᵉ édit

    Paris. 1820. Cordier 2 vol. in-18.   **r.v.**

168. La Science en Miniature ou collection des arts et métiers utiles, mis à la portée de la jeunesse, ouvrage traduit de l'Anglais par T. P. BERTIN.

    Paris. 1832. Ledentu. 1 vol. in-18.   **r.v.**

169. Eudoxe. Entretiens sur l'étude des sciences, des let-tres et de la philosophie, par J. P. F. DELEUZE.

    Paris. 1810. F. Schoel 2 vol. in-8.º   **r.v.**

170. Les Soirées d'Hiver ou entretiens d'un père avec ses enfants sur le génie, les mœurs et l'industrie des divers peuples de la terre, par G. B. DEPPING.

    Paris. 1833. Pelafol. 2 vol. in-12.   **d.r.**

171. Les Merveilles du Monde ou les plus beaux ouvrages de la nature et des hommes répandus sur toute la surface de la terre, par le Chevalier de PRO-PIAC. 7.ᵉ édit., avec 26 grav.

    Paris. 1829. Eymery. 2 vol. in-12.   **r.v.**

172. Les Curiosités universelles, faisant suite aux merveilles du monde, contenant les plus beaux ou-
ouvrages de la nature et des hommes, etc., par
le Chevalier de Propiac.
Paris. 1830. Eymery. 2 Vol. in-12. r.v.

173. Beautés de l'histoire du Jeune-Age, contenant des
exemples de piété filiale, d'émulation, d'humanité, des traits d'héroïsme, etc.
Paris. 1823. Thieriot. 1 Vol. in-12. r.v.

174. Bibliothèque de l'Adolescence, traduction libre de
l'Allemand de M. Campe.
Paris. 1825. Cordier. 2 Vol. in-18. r.v.

175. La Morale en Action illustrée ou recueil d'anecdotes propres à former le cœur et l'esprit des
jeunes-gens.
Paris. 1837. Alp. Henriot. 1 Vol. in-8.° d.r.

176. Beaux Exemples d'humanité, de clémence, de généro-
sité, de grandeur d'âme, d'amour pour le peuple,
la patrie et la liberté, par César Gardeton. 3.e édit.
Paris. 1835. Belin. 1 Vol. in-12. grav. c.

177. Anecdotes chrétiennes ou recueil de traits d'histoire
choisis, avec de grands exemples de vertu pour
l'éducation de la jeunesse, par M. l'abbé Reyre.
Paris. 1830. Méquignon-Havard. 2 Vol. in-12. d.r.

178. L'aimable Moraliste ou contes instructifs propres à
l'agrément de la jeunesse, par E. H.
Paris. . Lavigne. 1 Vol. in-18. r.v.

179. Palmyre ou les soirées d'Auteuil, nouveaux contes
dédiés aux jeunes personnes, par M.me d'Adhemar.
Paris. 1837. Boudon. 1 Vol. in-12. d.r.

180. Albert et Rosine ou le beau château, par M. et M.me
Azaïs.
Paris. 1837. Didier. 1 Vol in 18. d.r.

181. Les deux Familles ou désordre et sagesse, suivies des petits fugitifs, etc., par M. et Mme Azaïs.

    Paris. 1838. Didier. 1 vol. in-18.   **r.v.**

182. Le Miroir de l'Enfance ou petit tableau de ses défauts et de ses qualités, histoire d'une mouche et d'une épingle, racontée par elles-mêmes, par T. P. Bertin.

    Paris. . Dense. 1 vol. in-18.   **r.v.**

183. Arthur Monteith ou les orphelins écossais, traduit de l'Anglais de Mistriss Blackford.

    Paris. 1825. Bouquin. 3 vol. in-18.   **d.r.**

184. Les Contes du bon Tuteur ou les jeudis, par Mme Elisabeth Celnart.

    Paris. 1835. Villet. 1 vol. in-18.   **r.v.**

185. Les Soirées récréatives de l'Enfance, par Mme de Flammerang.

    Paris. 1825. Boulland. 2 vol. in-18. grav.   **r.v.**

186. L'Ecole du Hameau ou l'élève du bon pasteur, par Mme C. Farrenc.

    Tours. 1838. Mame. 1 vol. in-18.   **r.v.**

187. Caroline ou l'orpheline de Jurançon, par Mme M. G. E.

    Tours. 1837. Mame. 1 vol. in-18.   **r.v.**

188. Contes à mes Enfants ou historiettes morales, par Mlle Gorsas.

    Limoges. 1836. Barbou. in-12.   **r.v.**

189. Histoire de la Veuve d'un Marchand et de sa jeune fille, par Mistriss Hofland, traduite de l'Anglais par M. Paquis.

    Paris. 1831. Mame. in-18. grav.   **d.r.**

190. Leçons de la sagesse ou contes d'une mère à sa fille, traduit de l'Anglais de Mis. Mathews, par T. P. Bertin.

    Paris. 18 . Caillot. in-18.   **r.v.**

191. Contes dédiés à la Jeunesse.

Paris. . **Caillot. in-18.** r.v.

192. Coutes bleus.

Paris. Soc. pour la reprod. des bons livres. in-18. c.

III. Politique.

193. L'Ordre naturel et essentiel des Sociétés politiques, par Le Mercier de la Rivière.

Paris. 1767. Desaint. 2 vol. in-12. r.v.

194. Œuvres de Machiavel. N.ᵉ édit., augm. de l'Anti-machiavel et autres pièces.

La Haye. 1743. La Compagnie. 6 vol. in-12. d.r.

195. L'Ami des Hommes ou traité de la population. (Par le marquis de Mirabeau et Quesnay.)

Avignon. 1756. 3 vol. in-12. (Incomplet.) r.v.

196. Etudes historiques et politiques sur les Assemblées représentatives, par Félix Bodin.

Paris. 1823. in-18. d.r.

197. Mélanges de Littérature et de Politique, par Benjamin Constant.

Paris. 1829. Pichon et Didier. 1 vol. in-8.º r.v.

198. Œuvres politiques de M. de Pradt, ancien archévêque de Malines.

Paris. 1828. Pichon et Didier. 31 vol. in-8.º d.r.

199. Le Livre du Peuple, par F. Lamennais. 4.ᵉ édit.

Paris. 1838. Pagnerre. in-18. d.r.

200. De l'èsclavage moderne, par F. Lamennais.

Paris. 1838. Pagnerre. in-18. d.r.

201. Le Peuple au citoyen Lamennais, par F. Dinocourt.

Paris. 1838. Delaunay. 1 vol. in-12. d.r.

IV. Commerce.

202. Abrégé de l'histoire du Commerce et de l'Industrie, par ADOLPHE BLANQUI.

    Paris. 1826. 1 **vol. in-18.**   d.r.

203. Almanach du Commerce de Paris, des départements de la France et des principales villes du monde, de J. DE LA TYNNA, continué et amélioré pour 1834, par SEB. BOTTIN.

    Paris. 1834. **in-8.°**   r.v.

204. Almanach du Commerce de Paris, des départements de la France et des principales villes du monde, par S. BOTTIN. 42.ᵉ année.

    Paris. 1839. 2 **vol. in-8.°**   r.v.

V. Histoire Naturelle.

1.° DICTIONNAIRES. — MÉLANGES.

205. Dictionnaire raisonné universel d'Histoire naturelle, par M. VALMONT DE BOMARE. 4.ᵉ édit.

    Lyon. 1791. **Bruysset.** 15 **Vol. in-8.°**   d.r.

206. Nouveau Dictionnaire d'Histoire naturelle appliquée aux arts, principalement à l'agriculture et à l'économie rurale et domestique, par une société de naturalistes et d'agriculteurs.

    Paris. 1803-4. **Deterville.** 24 **Vol. in-8.° fig.**   r.v.

207. Dictionnaire pittoresque d'Histoire naturelle et des phénomènes de la nature, publié par une société de naturalistes, sous la direction de M. F. E. GUÉRIN.

    Paris. 1833-39. 18 **Vol. in-8.° maj. pl.**   d.r.

208. Le Spectacle de la Nature ou entretiens sur les par-
ticularités de l'histoire naturelle qui ont paru les
plus propres à rendre les jeunes-gens curieux, etc.,
par l'abbé PLUCHE.
Amsterdam 1741. 8 Vol. in-8.º   **r.v.**

209. La Nature considérée sous ses différents aspects ou
lettres sur les animaux, les végétaux et les minéraux, etc. (Ouvrage périodique.) (Par BUC'HOZ.)
Paris. 1771-72. Costard. 8 Vol. in-12. incomplet.   **r.v.**

210. Beautés des trois Règnes de la Nature, animal, vé-
gétal et minéral, recueillies des écrits des naturalistes modernes, par CAILLOT.
Paris. 1823. Ledentu. 2 Vol. in-12   **r.v.**

2.º HISTOIRE DES MONTAGNES ET DES VOLCANS.

211. Observations sur l'intérieur des Montagnes de TREBRA,
précédées d'un plan d'une histoire générale de la
minéralogie, par M. DE VELTHEIM, avec un discours
préliminaire et des notes du baron DE DIETRICH.
Paris. 1787. Didot. 1 Vol. in-fol.   **r.v.**

212. Beautés naturelles et historiques des îles, des montagnes et des volcans, par A. CAILLOT. 3.ᵉ édit.
Paris. 1827. Ledentu. 1 Vol. in-12.   **r.v.**

213. Histoire et phénomènes du Vésuve, par le P. JEAN-
MARIE DELLATORRE, traduite de l'abbé PÉTOU.
Paris. 1760. Herissant. 1 Vol. in-12.   **r.v.**

3.º PALÉONTOLOGIE.

214. Recherches sur les Ossements fossiles où l'on rétablit
les caractères de plusieurs animaux dont les révolutions du globe ont détruit les espèces, par M.
le baron GEORGES CUVIER. 3.ᵉ édit.
Paris. 1825. Dufour et D'Ocagne. 7 Vol. in-4.º pl.   **d.r.**

4.º BOTANIQUE.

215. Leçons de Flore. Cours de botanique, explication des principaux systêmes, introduction à l'étude des plantes, par J. L. M. POIRET.
Paris. 1823. Panckoucke. 1 vol. in-8.º   d.r.

216. Histoire philosophique, littéraire, économique des plantes de l'Europe, par J. L. M. POIRET.
Paris. 1827. Ladrange et Verdière. 7 vol. in-8.º atl.   d.r.

217. Dissertation sur le Thé, sur sa récolte et sur les bons et mauvais effets de son infusion, par BUCHOZ.
Paris. 1787. Desoer. 1 vol. in-12.   r.v.

218. Les Enfants voyageurs ou les petits botanistes, par M.me GUÉRARD, baronne DE MÉRÉ. 2.e édit.
Paris. 1826. Eymery. 4 vol. in-18.   r.v.

5.º ZOOLOGIE.

219. Histoire naturelle des Animaux de PLINE, avec le texte en regard, traduit par GUÉROULT, professeur.
Paris. 1802. Delance. 3 vol. in-8.º   d.r.

220. Œuvres de M. le comte DE LACÉPÈDE, nouvelle édition, dirigée par M. A. G. DESMAREST.
Paris. 1833. Ladrange et Verdière. 12 vol. in-8.º pl. r.v.

221. Complément de Buffon, par P. LESSON. 2.e édit., rev. et augm. (Planch. color.)
Paris. 1838. Pourrat frères. 3 vol. 1 de planch.   d.r.

222. Suites de Buffon, formant avec les ouvrages de cet auteur un cours complet d'histoire naturelle, contenant les trois règnes de la nature.

1.º Histoire naturelle des Poissons, par BLOCH.
Paris. an IX. Deterville. 10 vol. in-18. pl.   d.r.

2.º Histoire naturelle des Insectes , composée d'après REAUMUR , GEOFFROY , DEGEER , ROESEL , LINNÉ , FABRICIUS et les meilleurs ouvrages qui ont paru sur cette partie , rédigée suivant les méthodes d'OLIVIER et de LATREILLE , avec des notes , plusieurs observations nouvelles et des figures dessinées d'après nature , par F. G. M. DE TIGNY et BRONGNIART , pour les généralités.

Paris. 1813. Deterville. 10 vol. in-18. fig.   **d.r.**

3.º Histoire naturelle des Vers , par M. BOSC.

Paris. An x. 2 vol. in-18. fig.   **r.v.**

4.º Histoire naturelle des Crustacés , par M. BOSC.

Paris. An X. Deterville. 2 vol. in-18. pl.   **d.r.**

5.º Histoire naturelle des minéraux , par M. E. M. PATRIN.

Paris. An XI. (1803.) Deterville. 5 vol. in-18. pl.   **d.r.**

6.º Histoire naturelle des Coquilles , par M. BOSC.

Paris. An X. Deterville. 5 vol. in-18. pl.   **d.r.**

7.º Histoire naturelle des Reptiles , avec des figures dessinées d'après nature , par SONNINI et LATREILLE.

Paris. An X. Deterville. 4 vol. in-18. pl.   **d.r.**

223. Histoire abrégée des Insectes qui se trouvent aux environs de Paris , dans laquelle ces animaux sont rangés dans un ordre méthodique , par GEOFFROI.

Paris. 1764. Durand. 2 vol. in-4.º pl.   **d.r.**

224. Promenades d'un Naturaliste. — Insectes. Entretiens familiers sur l'histoire générale des insectes , par M. FELIX DUJARDIN.

Paris. 1836. Magasin pittoresque. 1 vol. in-18.   **r.v.**

225. Le Jardin des Plantes , description complète et pittoresque du muséum d'histoire naturelle , de la ménagerie , des serres , des galeries , etc. , par P. BERNARD , COUAILHAC , L. GERVAIS et EMM. LEMAOUT , etc.

Paris. 1842. Curmer. 2 vol. in-8.º grav.   **d.r.**

3.

226. Le Jardin des Plantes, description et mœurs des mammifères de la ménagerie et du muséum d'histoire naturelle, par Boitard, précédé d'une introduction par M. Jules Janin.

Paris. 1842. Dubochet. 1 vol. in-8.º pl. d.r.

227. Le Cabinet du jeune Naturaliste ou esquisses intéressantes de l'histoire des animaux, par Thomas Smith, traduit de l'Anglais.

Paris. 1821. Tenré. 6 vol. in-12. pl. r.v.

228. Albert ou le jeune naturaliste, histoire des animaux apprivoisés, par Eugène Bar.

Paris. 1837. Maumus. 1 vol. in-18. r.v.

VI. Agriculture.

229. Le Cultivateur anglais ou œuvres choisies d'agriculture et d'économie rurale et politique d'Arthur Young, traduit de l'Anglais par les CC. Lamarre, Benoist et Billecocq, avec des notes par M. Delalauze.

Paris. 1800. Maradan. 18 vol. in-8.º fig. r.v.

230. La Maison des Champs ou manuel du cultivateur, ouvrage où l'on trouve un traité complet de la grande et petite culture rurale et domestique, par M. D. Pfluguer.

Paris. 1819. Michaud. 4 vol. in-8.º d.r.

231. Correspondance sur la conservation et l'amélioration des animaux domestiques, par Fromage de Feugré.

Paris. 1810. Buisson. 2 vol. in-12. d.r.

232. Le nouveau parfait Maréchal ou la connaissance générale et universelle du cheval, divisé en sept traités, avec un dictionnaire des termes de cavalerie, par Fréd. Ant. de Garsault.

Paris. 1771. Bailly. 1 vol. in-4.º r.v.

VII. Physique et Chimie.

233. Eléments de Physique ou abrégé du cours complet de Physique spéculative et expérimentale, systématique et géométrique de M. l'abbé PARA DU PHANJAS.

Paris. 1781. Collot. 1 vol. in-8.° r.v.

234. Expériences physiques et chimiques sur plusieurs matières relatives au commerce et aux arts, ouvrage traduit de l'Anglais de M. LEWIS, par M. de POISIEUX.

Paris. 1768. Desaint. 3 vol. in-12. r.v.

235. Lettres à Sophie sur la physique, la chimie et l'histoire naturelle, par AIMÉ MARTIN, avec des notes par M. PATRIN. 9.e édit.

Paris. 1825. Gosselin. 4 vol. in-18. d.r.

236. Recherches sur les causes particulières des Phénomènes électriques, et sur les effets nuisibles ou avantageux qu'on peut en attendre, par l'abbé NOLLET. N.e édit.

Paris. 1764. Guérin et Delatour. 1 vol. in-12. r.v.

VIII. Médecine.

237. Dictionnaire français–latin des termes de médecine et de chirurgie, avec leur définition, leur division et leur étymologie, par M. ELIE COL DE VILLARS.

Paris. 1760. Mercier. 1 vol. in-12. r.v.

238. Dictionnaire portatif de Santé. Par M. L. et M. de B. (Ch. AUG. VANDERMONDE.) 6.e édit.

Paris. 1777. Barbou. 2 vol. in-8.° r.v.

239. Dictionnaire portatif de Chirurgie ou tome 3.e du dictionnaire de santé, contenant toutes les connaissances tant théoriques que pratiques de la chirurgie, par M. SUE le jeune, chirurgien.

Paris. 1771. Vincent. 1 vol. in-8.° r.v

3.*

240. Dictionnaire de médecine usuelle, hygiène des enfants, des femmes et des vieillards, par une société
de Professeurs et de Médecins.

> **Paris. 1836. Everat. 2 Vol, in-8.°**   **r.v.**
> (Le 2.ᵉ volume incomplet se termine à la 13.ᵉ feuille, lettre **H.**
> Cet ouvrage paraissait par livraison.)

241. De la Santé, ouvrage utile à tout le monde, par
l'abbé Jacquin. 2.ᵉ édit.

> **Paris. 1763. Durand. In-12.**   **br.**

242. Aphorismes de Chirurgie d'Herman Boerhaave, commen-
tés par M. Van Svieten, traduit du latin en français.

> **Paris. 1753. Cavelier. 4 Vol. in-12. le 1.ᵉʳ manque. r.v.**

243. Médecine domestique ou traité complet des moyens
de se conserver en santé et de guérir les maladies par le régime et les remèdes simples, par G.
Buchan, traduit de l'Anglais par J. D. Duplanil,
docteur en médecine de la faculté de Montpellier.

> **Paris. 1789. Froullé. 5 Vol. in-8.°**   **r.v.**

244. La Médecine pratique de Sydenham, avec des notes,
ouvrage traduit en français sur la dernière édition anglaise, par feu M. A. F. Jault, médecin.
édit. aug. d'une notice sur la vie et les écrits de
Sydenham, par M. Prunelle, médecin à Montpellier.

> **Montpellier. 1816. V.ᵉ Picot. 2 Vol. in-8.°**   **d.r.**

245. Nouveau Recueil des plus beaux secrets de Médecine pour la guérison de toutes sortes de maladies, augmenté d'un nouveau recueil de recettes et
d'expériences, etc. par l'Emery. N.ᵉ édit.

> **Paris. 1737. Ribou. 4 Vol. in-12.**   **r.v.**

246. Mémoires sur divers sujets de médecine, par Le-
camus, docteur-régent de la faculté de médecine
en l'université de Paris.

> **Paris. 1760. Ganeau. 1 Vol. in-12.**   **r.v.**

247. Avis au Peuple sur sa santé ou traité des maladies les plus fréquentes., par M. Tissot. N.ᵉ édit. originale, corrig. et augm. par l'auteur.

Paris. 1779. F. Didot. 2 vol. in-12. rel. en 1. r.v.

248. Essai snr les Maladies des gens du monde, par M. Tissot. 3.ᵉ édit.

Paris. 1771. Tissot. 1 vol. in-12. d.r.

249. Hygiène abrégé ou préceptes généraux pour conserver la santé et prolonger la vie. (Par Audin Rouvière.) Extrait de la médecine sans médecin.

Paris. 1827. Ponthieu. in-8.º broch.

250. La Médecine curative ou la purgation dirigée contre la cause des maladies, reconnue et analysée dans cet ouvrage par Leroy, chirurgien consultant. 5.ᵉ éd.

Paris. 1817. Boutonnet. 1 vol. in-12. d.r.

251. La Médecine sans médecin ou manuel de santé, etc., par Audin Rouvière, d. m. P. 3.ᵉ édit.

Paris. 1825. L'Auteur. 1 vol. in-8.º d.r.

252. Traité élémentaire des maladies épidémiques ou populaires; à l'usage des officiers de santé, par P. A. J.-B. Trannoy, médecin d'Amiens.

Amiens. 1819. Ledien-Canda. 1 vol. in-8.º d.r.

253. Plus de Sangsues, par Audin Rouvière. 2.ᵉ édit.

Paris. 1827. L'Auteur. in-8.º broch.

254. Des Glaires, de leurs causes et de leurs effets, et des moyens propres à combattre cette humeur, par J. L. Doussin-Dubreuil. 5.ᵉ édit.

Paris. An IX. (1801). Fuchs. in-8.º broch.

255. De la Nature et des causes de la gonorrhée bénigne et des fleurs blanches, par Doussin-Dubreuil. 3.ᵉ édit.

Paris. An XII. (1804). Fuchs. in-8.º broch.

256. Manuel complet, préservatif et curatif du Cholera-morbus.

Paris. 1831. **Crochard.** 1 vol. in-18.   d.r.

257. Moyens infaillibles de conserver sa vue en bon état jusqu'à une extrême vieillesse et de la rétablir et de la fortifier lorsqu'elle s'est affaiblie, traduit de l'allemand de J. B. Beer, par ***.

Paris. 1812. **Blaise.** 1 vol. in-8.º   d.r.

258. Bibliothèque en abrégé de la vraye Médecine conduite par la lumière, dans laquelle on trouve autant de perfection qu'il y a d'imperfection dans les bibliothèques confuses et si contraires, et où on trouve les abus de l'école de médecine à découvert. (Par Desmaillet.)

Amsterdam. 1745. **Hercule Traech.** 1 vol. in-12. br.

IX. Art culinaire.

259. Le Gastronome français ou l'art de bien vivre, par les anciens auteurs du Journal des Gourmands.

Paris. 1829. **Bechet.** 1 vol. in-8.º   d.r.

260. Dictionnaire des Ménages, répertoire de toutes les connaissances usuelles, encyclopédie des villes et des campagnes, par Antony Dubourg.

Paris. 1836. 2 vol. in-4.º   d.r.

261. La Cuisinière bourgeoise, suivie de l'office, à l'usage de tous ceux qui se mêlent de dépenses de maisons, contenant la manière de disséquer, connaître et servir toutes sortes de viandes.

Bruxelles. 1774. **Foppens.** 1 vol. in-12.   r.v.

X. Mathématiques.

262. Arithmétique en sa perfection. Par Le Gendre.

Paris. 1774. **Leclerc.** in-12.   r.v.

263. Guide dans l'usage des Poids et Mesures et du Calcul décimal, par M. L. BRION.

Abbeville. 1840. Paillart. in-12. broch.

XI. Astronomie.

264. Histoire D'ARISTARQUE DE SAMOS, suivie de la traduction de son ouvrage sur les distances du soleil et de la lune, par M. DE F. (marquis DE FORTIA D'URBAN.)

Paris. 1840. Duménil. 1 vol. in-8.° d.r.

265. Beautés et Merveilles du Ciel ou cours d'astronomie en 24 leçons, mis à la portée de la jeunesse, traduit de l'Anglais de THOMAS SQUIRE, orné de 24 planches et d'une carte polaire.

Paris. 1825. Eymery. 1 vol. in-12. c.

266. Traité des Instruments astronomiques des Arabes, composé au XIII.ᵉ siècle par ABOUL HHASSAN ALI, DE MAROC, intitulé Collection des Commencements et des Fins, traduit par J.-J. SEDILLOT, publié par L. AM. SEDILLOT.

Paris. 1834. Imp. royale. 2 vol. in-4.° d.r.

267. Entretiens sur la pluralité des mondes, suivis des Dialogues des morts, par DE FONTENELLE.

Paris. 1824. Dentu. 1 vol. in-8.° r.v.

268. Annuaires du bureau des longitudes. 1837. 38. 39.

Paris. Bachelier. 3 vol. in-18. d.r.

XII. Marine.

269. Histoire de la Marine de tous les peuples, depuis la plus haute antiquité jusqu'à nos jours, par A. J. B. BOUVET DE CRESSÉ.

Paris. 1824. André. 2 vol. in-8.° d.r.

270. Histoire de la Marine française (xvii.ᵉ siècle. — Jean
Bart.) Par Eugène Sue.
Paris. 1835-1837. Bonnaire. 5 Vol. in-8.º   **d.r.**

271. La France maritime, fondée et rédigée par Amédée
Grehan.
Paris. 1837. Postel. 3 Vol. in-8.º   **d.r.**

272. Chroniques de la Marine Française de 1789 à 1803,
d'après les documents officiels, les archives des
ports et les notes et communications des hommes
contemporains, par Jules Lecomte et Fulgence
Girard.
Paris. 1836. Souverain. 2 Vol. in-8.º   **d.r.**

273. Les Marins français, depuis le commencement de la
monarchie française jusqu'à nos jours.
Paris. 1817. Ledentu. 1 Vol. in-18.   **r.v.**

XIII. Art militaire.

274. Dictionnaire historique des batailles, siéges et com-
bats de terre et de mer qui ont eu lieu pendant
la révolution française, avec une table chronologique des événements et une table alphabétique,
par une société de militaires et de marins.
Paris. 1818. Menard. 4 Vol. in-8.º   **d r.**

275. France militaire, histoire des armées françaises de
terre et de mer, de 1792 à 1833, ouvrage rédigé
par une société de militaires et de gens de lettres, revu et publié par A. Hugo.
Paris. 1835-38. Delloye. 5 Vol. in-4.º pl.   **d.r.**

276. Victoires, conquêtes, désastres, revers et guerres civiles des Français, de 1792 à 1815, par une société de militaires et de gens de lettres.
Paris. 1818. Panckoucke. 31 Vol. in-8.º 2 de port. 1 d'atl. d.r.

277. Résumé des victoires, conquêtes, désastres et revers des armées françaises, de 1792 à 1823, par le chevalier ISNARD DE STE.-LORETTE, officier retraité.
Paris. 1824. Corbet. 1 vol. in-8.°   **r.v.**

278. Relation des opérations de l'armée aux ordres du prince JOSEPH PONIATOWSKI, pendant la campagne de 1809 en Pologne, contre les Autrichiens, par ROMAN SOLTICK, général polonais.
Paris. 1841. Anselin. 1 vol. in-8.° port. cart.   **d.r.**

XIV. Sciences conjecturales.

279. Histoire de la Magie en France depuis le commencement de la Monarchie jusqu'à nos jours, par J. GARINET.
Paris. 1818. Foulon. 1 vol. in-8.°   **d r.**

280. L'Art de connaître les Hommes par la physionomie, par GASPARD LAVATER. N.° édit., corrigée et disposée dans un ordre plus méthodique, précédée d'une notice historique sur l'auteur.
Paris. 1830. Pelafol. 10 vol. in-8.° grav.   **d.r.**

XV. Arts et Métiers.

281. Annales des Arts et Manufactures ou mémoires technologiques sur les découvertes modernes concernant les arts, les manufactures, l'agriculture, par R. O'REILLY, continuées par BARBIER DE VÉMARS.
Paris. 1799 à 1815. Imp. des Annales. 56 vol. in-8.°   **d.r.**

XVI. Beaux-Arts.

282. Musée religieux ou choix des plus beaux tableaux inspirés par l'Histoire Sainte aux peintres les plus célèbres, gravés à l'eau forte sur acier par REVEIL,

recueillis et mis en ordre, et accompagnés de notes historiques par un ecclésiastique du clergé de Paris.

Paris. 1836. Hyvert. 4 vol in-8.º min.   **c.**

283. Gravures et Portraits des personnages cités dans les œuvres de M. de Chateaubriand.

Paris. 1840. Pourrat. 1 Vol. in-8.º   **d.r.**

284. Galerie des Arts et de l'Histoire, composée sur les tableaux et les statues les plus remarquables des musées de l'Europe et des sujets tirés de l'histoire de Napoléon, dessins à l'eau forte par Réveil.

Paris. 1836. Hyvert. 8 Vol. in-12.   **cart.**

285. Dictionnaire des Beaux-Arts, par M. Millin.

Paris. 1838. Barba. 6 Vol. in-8.º   **d.r.**

286. Traits de l'Histoire universelle, sacrée et profane, représenté en figures d'après les plus grands peintres et les meilleurs écrivains, par Lemaire, avec des explications par l'abbé Aubert, dédiés au duc de Bourgogne.

Paris. 1760 à 1771. Lebas. 6 Vol. in-8.º   **r.v.**

287. Gravures de Moreau, pour les lettres d'Héloïse et d'Abailard.

Paris. 1796. Fournier. in-4.º   **d.r.**

288. Gravures et portraits pour les œuvres de Molière.

Paris. 1826. Lefebvre. in-4.º   **d.r.**

289. Gravures et portraits pour les œuvres de J. Racine.

Paris. 1830. Furne. in-4.º   **d.r.**

290. Médaillons gravés d'après l'antique, pour les vies des hommes illustres de Plutarque.

Paris. 1812. Dufart. in-4.º   **d.r.**

291. Gravures et portraits pour les œuvres de J.-J. Rousseau, d'après Desenne.

Paris. 1818. Lefebvre. in-4.º   **d.r.**

BELLES-LETTRES.

Traités généraux. — Cours d'Études.

292. De la manière d'enseigner et d'étudier les Belles-Lettres par rapport à l'esprit et au cœur, par ROLLIN.

    Paris. 1825. Dabo Butscheck. 4 vol. in-12.   **r.v.**

293. Principes de Littérature par l'abbé BATTEUX. N.ᵉ édit.

    Lyon. 1802. Am. Leroy. 6 vol. in-12.   **r.v.**

294. Eléments de Littérature extraits du cours de belles-lettres de l'abbé BATTEUX. N.ᵉ édit., rev. et corr. par M.

    Avignon. 1834. Fischer Joly. 2 vol. in-12.   **d r.**

295. Le Lycée de la Jeunesse ou les études réparées ; nouveau cours d'instruction à l'usage des jeunes-gens de l'un et de l'autre sexe, par MOUSTALON. 4.ᵉ édit.

    Paris. 1823. Boulland. 2 vol. in-12.   **c.**

I. Linguistique.

1.º Grammaires.

296. Abrégé de la nouvelle méthode présentée au Roi, pour apprendre facilement la langue latine.

    Paris. 1775. Brocas. 1 vol. in-12.   **r.v.**

297. Grammaire des Grammaires ou analyse raisonnée des

meilleurs traités sur la langue française, par Ch. P. Girault-Duvivier. 9.e édit.

Paris. 1836. Janet et Cotelle. 1.er Vol. in-8.⁰   **r.v.**

· 2.° Dictionnaires.

298. Ambrosii Calepini dictionarium octolingue. Editio novissima.

Lugduni. 1667. Pet. Prost. 2 Vol. in-fol.   **r.v.**

299. Dictionnaire universel français-latin (vulgairement appelé Dictionnaire de Trévoux.)

Trévoux. 1704. Est. Ganneau. 3 Vol. in-fol.   **r.v.**

300. Dictionarium universale latino gallicum, ex omnibus latinitatis auctoribus summâ diligentiâ collectum. (Curante Johanne Boudot.)

Parisiis. 1777. Barbou. 1 Vol. in-8.⁰   **r.v.**

301. Dictionnaire universel français-latin, dédié à Mgr. le Dauphin, par MM. Lallemant. 4.e édit.

Paris 1779. Barbou. 1 Vol. in-8.⁰   **r.v.**

302. Nouveau Dictionnaire latin-français, par Alfred de Wailly. 8.e édit.

Paris. 1839. Guyot et Scribe. 1 Vol. in-8.⁰   **r.t.**

303. Nouveau Dictionnaire français-latin, par Alfred de Wailly. 5.e édit.

Paris. 1839. Guyot et Scribe. 1 Vol. in-8.⁰   **r.t.**

304. Dictionnaire universel des Synonimes de la langue française, contenant les synonimes de Girard, de Beauzé, de Roubaud, de Diderot, de d'Alembert, Duclos et autres écrivains modernes, par J. E. J. F. Boinvilliers.

Paris. 1826. Delalain. 1 Vol. in-8.⁰   **r.v.**

305. Dictionnaire universel de la langue française, avec le latin et les étymologies, par P. C. B. Boiste. 8.e édit., revue par Charles Nodier.

Paris. 1836. F. Didot fr. 2 Vol. in-4.⁰   **r.v.**

306. Nouveau Dictionnaire de la langue française, où l'on trouve le recueil de tous les mots usuels, etc., par J. CH. (THIÉBAULT de) LAVEAUX. 2.ᵉ édit.

  Paris. 1828. Deterville. 2 vol. in-4.º   **r.v.**

307. Nouveau Dictionnaire de la langue française, enrichi d'exemples tirés des meilleurs écrivains des deux derniers siècles, par NOEL et CHAPSAL. 4.ᵉ édit.

  Paris. 1833. Roret. 1 vol. in-8.º   **r.v.**

308. Dictionnaire de l'Académie française. 6.ᵉ édit., publiée en 1835. (Avec une préface par M. VILLEMAIN.)

  Paris. 1835. F. Didot fr. 2 vol. in-4.º   **r.v.**

II. Art oratoire.

1.º INTRODUCTION.

309. QUINTILIEN de l'Institution de l'orateur, traduit par M. l'abbé GEDOYN. N.ᵉ édit. avec le texte latin, revue d'après un mémoire manuscrit de M. CAPPERONNIER.

  Lyon. 1812. Am. Leroy. 5 vol. in-12.

310. Essai sur l'éloquence de la Chaire; panégyriques éloges et discours par le cardinal MAURY. N.ᵉ édit., publiée sur les Mss. autographes de l'auteur, par LOUIS SIFREIN-MAURY, son neveu.

  Paris. 1828. Am. Costes. 3 vol. in-12.   **d.r.**

311. Etudes sur les Orateurs parlementaires, par TIMON. (M. DE CORMENIN.) 6.ᵉ édit.

  Paris. 1838. Pagnerre. in-18.   **d.r.**

2.º ORATEURS.

312. Œuvres complètes de DÉMOSTHÈNE et d'ESCHINE, en

grec et en français, traduction de l'abbé AUGER.
N.ᵉ édit., rev. et corr. par J. PLANCHE.

> **Paris. 1819—21. Verdière. 10 Vol. in-8.º**   r.v.

313. Recueil des Oraisons funèbres prononcées par JAC-
QUES BÉNIGNE BOSSUET, évêque de Maux.

> **Paris. 1774. Saillant. 1 Vol. in-12.**   r.v.

314. Oraisons funèbres de BOSSUET, FLÉCHIER et autres orateurs, avec un discours préliminaire et des notices, par MM. DUSSAULT et THÉRY.

> **Paris. 1820.—26. L. Janet. 4 Vol. in-8.º**   c.

III. Poésie.

1.º INTRODUCTION.

315. Histoire poétique, tirée des meilleurs poètes et lit-
térateurs français, suivie d'un dictionnaire de la
Fable, par M. DE LA CROIX. 10.ᵉ édit., revue par
S. F. NOUEL.

> **Paris. 1822. Samson fils. 1 Vol. in-18.**   r.v.

2.º POÈTES GRECS.

316. L'Expédition des Argonautes ou la conquête de la
toison d'or, poème en quatre chants D'APOLLONIUS
DE RHODES, traduit par CAUSSIN.

> **Paris. An V. Moutardier. 1 Vol. in-8.º**   d r.

317. Œuvres d'HOMÈRE, avec des remarques, précédées de
réflexions sur Homère et sur la traduction des
poètes, par S. BITAUBÉ.

> **Paris. 1822. Tenré. 4 Vol. in-8.º**   r.v.

318. Odes d'ANACRÉON, traduction nouvelle en vers. (Par
ANSON.)

> **Paris. 1795. Dupont. 1 Vol. in-12.**   r.v.

3.º Poètes latins.

519. Lucrèce, de la Nature des choses, traduit par Lagrange.

Paris. An III. Bleuet. 2 Vol. in-8.º r.v.

520. L'Enéide de Virgile, traduite en prose, avec le texte
en regard, par C. L. Mollevaut.

Paris. 1818. Arthur Bertrand. 4 Vol. in-18. r.v.

521. Œuvres complètes d'Horace, traduites en français par
Charles Batteux. Edit. augm. d'un commentaire
par N. L. Achaintre.

Paris. 1823. Dalibon. 3 Vol. in-8.º r.v.

522. Satyres d'Horace, traduites en vers français par L.
V. Raoul. 1.ʳᶜ édit.

Tournay. 1818. Casterman. 1 Vol. in-8.º d.r.

523. Les Métamorphoses d'Ovide, traduites en vers, avec
des remarques, par M. de Saint-Ange. 3.ᶜ édit.

Paris. 1808. Giguet et Michaut. 4 Vol. in-12. r.v.

524. Les Fastes d'Ovide, traduction en vers par F. de
Saint-Ange.

Paris. 1809. Dufour. 1 Vol. in-12. r.v.

525. L'Art d'aimer d'Ovide, traduction en vers, avec des
remarques, par F. de Saint-Ange.

Paris. 1809. Giguet et Michaut. 1 Vol. in-12. r.v.

526. Traduction complète des Poésies de Catulle, suivies
des poésies de Gallus et de la Veillée des fêtes
de Vénus, avec des notes par M. Noël.

Paris. 1803. Crapelet. 2 Vol. in-8.º r.v.

527. Traduction des Satyres de Perse et de Juvénal, par
le R. P. Tarteron. N.º édit.

Paris. 1737. Compagnie des Libraires. 1 Vol. in-12. r.v.

528. Satyres de Juvénal, traduites par J. Dusaulx. N.º

édit., augm. de notes et de notices historiques sur la vie de Juvénal et celle de Dusaulx, par N. L. ACHAINTRE.

Paris. 1821. Dalibon. 2 Vol. in-8.º   r.v.

329. Satyres de JUVÉNAL, traduites en vers français par L. V. RAOUL. 3.ᵉ édit.

Tournay. 1818. Casterman. 1 Vol. in-8.º   d.r.

330. La Pharsale de LUCAIN ou les guerres civiles de César et de Pompée, en vers françois, par M. DE BRÉBEUF.

Paris. 1682. Jean Cochart. 1 Vol. in-12.   r.v.

4.º POÈTES ÉTRANGERS.

331. Roland Furieux, traduit de l'ARIOSTE par le comte DE TRESSAN. Edit. rev., corrig. et augm. de notes, de sommaires et d'une table.

Paris 1822. Nepveu. 3 Vol. in-8.º   d.r.

332. Les Animaux parlants, poème épique en 26 chants, de J. B. CASTI, traduit librement de l'Italien en vers français, par MARESCHAL.

Paris. 1819. Brissot Thivart. 2 Vol in-8.º   r.v.

333. Les Animaux parlants, poème épique en 26 chants, par J. B. CASTI, traduit en français et en prose par M. P. P.** (PAGANEL.)

Liége. 1818. Latour. 3 Vol. in-18.   c.

334. Le Paradis perdu de MILTON, traduct. nouv. par M. DE CHATEAUBRIAND.

Paris. 1837. Furne. 2 Vol. in-8.º   d r.

335. Les Chefs-d'Œuvre de M. POPE, contenant les essais sur l'homme, sur la vie humaine, sur la critique, la boucle de cheveux enlevée et le temple de la renommée, traduit de l'Anglais par M. DU RESNEL, MARMONTEL, M.ᵐᵉ DU BOCAGE.

Liége. 1780. De Boubers. in-18.   r.v.

336. Œuvres de lord Byron, traduites de l'Anglais. (Par A.
Pichot et Eus. de Salle.)
> Paris. 1819. Ladvocat. 10 Vol. in-12. en 5 Vol.   d.r.

337. Œuvres complètes de Gessner.
> Paris. 1797. 3 Vol. pet. in-12. Port.   d.r.

338. Les Nuits d'Young, traduites de l'Anglais par Letourneur. N.e édit.
> Paris. 1821. Ledentu. 2 Vol. in-18.   r.v.

5.º Poètes français.

a. — COLLECTIONS ET EXTRAITS.

339. Les Poètes français, depuis le xii.e siècle jusqu'à Malherbe, avec une notice historique et littéraire sur
chaque poète. (Par M. P. R. Auguis.)
> Paris. 1824. Crapelet. 6 Vol. in-8.º   r.v.

340. Le Porte-Feuille d'un Homme de goût ou l'esprit de
nos meilleurs poètes, par l'abbé de la Porte. N.e
édit. augm.
> Amsterdam. (Paris. Delalain) 1770. 3 Vol. in-12.   r.v.

341. Poésies nationales de la Révolution française ou recueil complet des chants, hymnes, couplets, odes,
chansons patriotiques, ornées de vignettes.
> Paris. 1836. Pougins. 1 Vol. in-8.º   d.r.

342. Nouvelle Anthologie ou choix de chansons anciennes
et modernes, publiées par L. Castel.
> Paris. 1828. Lib. anc. et mod. 4 Vol. in-18.   d.r.

343. Le Jardin des Fleurs, célébré par les poètes anciens et modernes, suivi des emblêmes des fleurs
et des plantes.
> Paris. 1848. Didot. 2 Vol. in-18.   d r.

b. — ŒUVRES COMPLÈTES ET POÈMES DIVERS.

344. Œuvres de Clément Marot. N.e édit., revue sur tou-

4.

— 50 —

tes celles qui l'ont précédée, avec des notes historiques et un glossaire des vieux mots, par P. R. AUGUIS.

Paris. 1823. **Chantpie.** 5 vol. in-18. **r.v.**

345. Poésies de MALHERBE.

Paris. 1821. **Menard et Desenne.** in-18. **r.v.**

346. Les Amours de Psyché et de Cupidon de LA FONTAINE.

Paris. 1825. **Castel.** in-24. **d.r.**

347. Contes de LA FONTAINE. N.º édit. par C. A. WALCKENAER.

Paris. 1822. **Lefebvre.** 1 vol. in-8.º fig. **d.r.**

348. Œuvres de M.ᵐᵉ et de M.ˡˡᵉ DESHOULIÈRES.

Paris. 1819. **Dabo Tremblay.** (stéréot.) 2 vol. in-18. **r.v.**

349. Œuvres de BOILEAU DESPRÉAUX, avec un commentaire par M. de SAINT-SURIN.

Paris. 1821. **Blaise.** 4 vol. in-8.º fig. **d.r.**

350. Poésies de CHAULIEU et du marquis DE LA FARE.

Paris. 1812. **Bélin.** in-18. **r.v.**

351. Œuvres choisies du sieur ROUSSEAU, contenant ses odes, odes sacrées de l'édition de Soleures et cantates.

Rotterdam. 1716. **Fritsch et Bohm.** 2 vol. in-12. en 1. **r.v.**

352. Poésies de MALFILATRE.

Paris. 1835. **Berquet.** in-18. **r.v.d.**

353. Œuvres choisies D'ALEXIS PIRON, précédées d'une notice historique sur la vie et les écrits de cet auteur.

Paris. 1806. **Lib. économique.** 3 vol. in-18. **r.v.**

354. Œuvres de BERNARD.

Paris. 1818. **Egron.** in-18. **r.v.**

355. Œuvres de M. GRESSET. N.º édit., rev., corrig., augm. et donnée au public par l'auteur.

Londres. 1765. **Kelmarneck.** 2 vol. in-12. **r.v.**

356. Le Parrain magnifique, poème en 10 chants, œuvre posthume de GRESSET.
Paris. Didot. pub. avec l'aut. de M. Renouard; in-24. d.r.

357. Œuvres de GILBERT.
Paris. 1817. Menard et Desenne. 1 vol. in-18. r.v.

358. Poésies sacrées et philosophiques traduites des livres saints, par M. LEFRANC DE POMPIGNAN.
Paris. 1763. Prault. 1 vol. in-4.° r.v.

359. Les Baisers, précédés du mois de mai. (Par DORAT.) 3.e édit.
Lahaye. 1770. 1 vol. in-8.° d.r.

360. Œuvres de LÉONARD. 4.e édit.
Paris. 1787. Prault. 2 vol. in-18. r.v.d.

361. Œuvres badines de ROBBÉ DE BEAUVESET.
Londres. 1801. (Paris. Lavillette.) 2 vol. in-18. r.v.

362. Œuvres D'ANDRÉ DE CHÉNIER.
Paris. 1822. Baudouin. 1 vol. in-18. r.v.

363. Œuvres de ST. LAMBERT. N.e édit.
Paris. 1813. Duprat. 2 vol. in-18. r.v.

364. Les Saisons, poème par ST. LAMBERT.
Paris. 1825. Froment. 1 vol. in-24. r.v.d.

365. Œuvres de PONCE DENYS ECOUCHARD LE BRUN, mises en ordre et publiées par P. L. GINGUENÉ, et précédées d'une notice sur sa vie et ses ouvrages, rédigée par l'éditeur.
Paris. 1811. Warée. 4 vol. in-8.° d.r.

366. Poésies de M. J. DE CHÉNIER, suivies de la poétique d'Aristote. Précédées d'une notice par D. (DELATOUCHE.)
Paris 1822. Baudouin. 2 vol. in-18. r.v.

367. Le Mérite des Femmes, par LEGOUVÉ. N.e édit.; augm. de poésies inédites.
Paris. 1830. L. Janet. 1 vol. in-18. d.r.

4.*

368. Œuvres de J. Delille.
    Paris. 1819-21. **Michaut.** 18 **Vol.** in-18.   r.v.

369. Œuvres choisies d'Evariste Parny, précédées d'une
    notice sur sa vie et ses ouvrages.
    Paris. 1826. **Wercherin.** 1 **Vol.** in-8.º   c.

370. La Guerre des Dieux, poème en dix chants par Eva-
    riste Parny.
    Paris. 1808. **Debray.** in-18.   d.r.

371. Opuscules poétiques, par M. le chevalier de Parny.
    Amsterdam. 1779. (**Paris. V.**ᵉ **Duchesne.**) in-8.º   r.v.

372. Œuvres du chevalier de Boufflers, membre de l'Ins-
    titut. 2.ᵉ édit., ornée de 16 grav. et du portrait
    de l'auteur.
    Paris. 1817. **Briand.** 4 **Vol.** in-18.   r.v.

373. Œuvre complètes de Millevoye, dédiées au roi et
    ornées de son portrait.
    Paris. 1822. **Ladvocat.** 4 **Vol.** in-8.º   r.v.

374. La Gastronomie, poème par J. Berchoux, suivie
    des poésies fugitives de l'auteur.
    Paris. 1819. **Michaud.** in-18.   d.r.

375. Les Amours épiques, poème héroïque en six chants,
    par E. A. Parseval-Grandmaison. 2.ᵉ édit., entiè-
    rement refondue, précédée d'un discours préli-
    minaire, [augmentée de 2,000 vers et suivie de
    plusieurs morceaux traduits d'Homère, de Milton
    et d'Arioste.
    Paris. 1806. **Dentu.** 1 **Vol.** in-8.º   r.v.d.

376. Œuvres complètes d'Arnault. (Théâtre lyrique, can-
    tates, poésies mêlées.)
    Lahaye. 1817. **Impr. belge.** 4 **Vol.** in-8.º   d.r.

377. L'Immortalité de l'Ame ou les quatre âges religieux,
    poème en quatre chants par de Norvins. 2.ᵉ édit.
    Paris. 1829. **Lequien fils.** 1 **Vol.** in-8.º **fig.**   d.r.

378. Œuvres complètes de BÉRANGER. Edit. unique, revue par l'auteur, ornées de 104 vignettes en taille-douce, dessinées par les peintres les plus célèbres.
Paris. 1834. Perrotin. 4 vol. in-8.° d.r.

379. Sapho, poème en dix chants, par L. GORSSE.
Paris. 1805. Giguet et Michaut. 2 vol. in-8.° en 1. r.v.

380. Bayart ou la conquête du Milanais, poème par DU-REAU DE LA MALLE.
Paris. 1824. Gosselin. 2 vol. in 12. d.r.

381. Némésis, par BARTHÉLÉMY. 4.ᵉ édit., ornée de 15 grav.
Paris. 1835. Perrotin. 2 vol. in-8.° d.r.

382. Douze Journées de la Révolution, poème par BAR-THÉLÉMY.
Paris. 1832. Perrotin. 1 vol. in-8.° grav. d.r.

383. Napoléon en Egypte, Waterloo et le Fils de l'homme. (Par BARTHÉLÉMY et MÉRY.)
Paris. 1835. Perrotin. 1 vol. in-8.° grav. d.r.

384. Poésies de M.ᵐᵉ DESBORDES-VALMORE. 3.ᵉ édit.
Paris. 1822. Grandin. 1 vol. in-12. d.r.

385. Les Chants prophétiques ou morceaux choisis d'Isaïe, imités en vers français par CÉSAIRE DUBOIS.
Noyon. 1829. Soulas Amoudry. 1 vol. in-8.° r.v.

386. La France pacifiée, poème en 25 chants, accompagné de notes historiques, par M. N. J. B. MONTALAN.
Paris. 1824. Dondey-Dupré. 2 vol. in-8.° d.r.
(Edit. de 1823, dont on n'a fait que changer le titre et enlever l'errata.)

387. Méditations poétiques, par M. ALPH. DE LAMARTINE.
Paris. 1826. Boquet. 2 vol. in-8.° r.v.

388. La chûte d'un ange, par M. ALPH. DE LAMARTINE. 3.° édit.
Paris. 1838. Gosselin. 2 vol. in-8.° d.r.

389. Jocelyn, par M. Alph. de Lamartine.

     Paris. 1836. Gosselin. 2 Vol. in-8.º   d.r.

390. Recueillements poétiques, par M. Alph. de Lamartine. 2.e édit.

     Paris. 1839. Gosselin. 1 Vol. in-8.º   r.v.

391. Nouvelles Odes de Victor Hugo.

     Paris. 1824. Ladvocat. 1 Vol. in-12.   d.r.

392. Les Orientales de Victor Hugo. 2.e édit.

     Paris. 1825. Ch. Gosselin. 1 Vol. in-12.   d.r.

393. Poésies, par M.me Amable Tastu. 6.e édit.

     Paris. 1838. Didier. 1 Vol. in-18.   d.r.

394. Poésies nouvelles, par M.me Amable Tastu. 3.e édit.

     Paris. 1838. Didier. in-18.   d.r.

395. Confessions poétiques, par Gustave Drouineau.

     Paris. 1834. Gosselin. 1 Vol. in-8.º   d.r.

396. Heures de Solitude, poésies par M.me Fanny Dénoix. 2.e édit.

     Paris. 1838. Leclerc. 1 Vol. in-8.º   r.v.

397. Albert Love ou l'Enfer, poème par René Clément. 2.e édit.

     Paris. 1837. Olivier. 1 Vol. in-8.º   d.r.

398. La Table ronde, poème en vers. 4.e édit.

     Paris. 1829. Gobin et C.ie 1 Vol. in-8.º   d.r.

IV. Fables.

399. Traduction en vers français des fables complètes de Phèdre et de 32 nouvelles fables publiées d'après le manuscrit de Perotti, avec le texte en regard et des notes, par M. de Joly.

     Paris. 1813. Duprat-Duverger. 1 Vol. in-8.º   d.r.

400. Fables de la Fontaine. N.º édit, précédée de son éloge, par Chamfort.

     Paris. 1825. Parmentier. 2 Vol. in-8.º   r.v.d.

401. Fables de FLORIAN, illustrées par VICTOR ADAM, précédées d'une notice par CHARLES NODIER et d'un
essai sur la fable.

Paris. 1842. **Delloye.** 1 vol. in-8.°   d·r.

402. Fables nouvelles de JAUFFRET, dédiées à S. A. R.
M.ᵐᵉ la Dauphine. 2.ᵉ édit.

Paris. 1826. **Bechet aîné.** 2 vol. in-8.°   d.r.

403. Fables et Contes en vers dédiés à M.ᵐᵉ LEFRANC, par un
vieil hermite de la vallée d'Enghien Montmorency.

Paris. 1827. **Gaudon.** 1 vol. in-8.°   d.r.

404. Fables, par A. V. ARNAULT.

Paris. 1812. **Chaumont.** 1 vol. in-12.   r.v.d.

V. Art dramatique.

1.° THÉATRE GREC ET LATIN.

405. Le Théâtre des Grecs, par le P. BRUMOY. 2.ᵉ édit.,
rev., corr. et augm. d'un choix de fragments des
poètes grecs, tragiques et comiques, par M. RAOUL
ROCHETTE, de l'Institut.

Paris. 1820-25. V.ᵉ **Cussac.** 16 vol. in-8.°   r.v.

406. Théâtre de SOPHOCLE, traduit en entier par DE RO-
CHEFORT, avec des remarques et un examen de
chaque pièce, précédé d'un discours sur toutes
les difficultés qui s'y rencontrent.

Avignon. 1809. **Seguin.** 2 vol. in-12.   r.v.

407. Théâtre complet des Latins, par J. B. LEVÉE, ancien professeur de rhétorique et de littérature latine, etc., et par feu l'abbé LE MONNIER, augm.
de dissertations etc., par M. AMAURY DUVAL et
ALEXANDRE DUVAL.

Paris. 1820-23. A. **Chasseriau.** 15 vol. in-8.°   d.r.

2.º Théatre français.

408. Cours de Littérature dramatique ou recueil par ordre de matières des feuilletons de Geoffroy, précédé d'une notice historique sur sa vie et ses ouvrages, par M. Etienne Gosse. 2.ᶜ édit., considérablement augm. et ornée d'un *fac simile* de l'écriture de l'auteur.

Paris. 1825. P. Blanchard. 6 Vol. in-8.º   **r.v.**

409. Mémoires et Anecdotes des plus célèbres Comédiens de l'Europe.

Paris. 1828. Ledoux. 14 Vol. in-8.º   **d.r.**

410. Répertoire général du Théâtre français, composé des tragédies, comédies et drames des auteurs du premier et du second ordre, restés au théâtre français, avec une table générale.

Paris. 1828. Massan. (édit. stéréot.) 67. Vol. in-18.   **d.r.**

411. Suite du Répertoire du Théâtre français, avec un choix de pièces de plusieurs autres théâtres, arrangées et mises en ordre par M. Lepeintre, et précédées de notices sur les auteurs, le tout terminé par une table générale.

Paris. 1822. V.ᵉ Dabo. 81 Vol. in-18.   **d.r.**

412. Fin du Répertoire du Théâtre français, avec un nouveau choix de pièces des autres théâtres, rassemblées par M. Lepeintre.

Paris. 1826. V.ᵉ Dabo. 45 Vol. in-18.   **d.r.**

413. Chefs-d'Œuvre du Répertoire des mélodrames joués à différents théâtres.

Paris. 1825. V.ᵉ Dabo. 20 Vol in-18.   **d.r.**

414. Bibliothèque dramatique ou collection de pièces de théâtre, accompagnées de commentaires anciens et de nouvelles remarques, de notices sur les auteurs et d'examen des pièces, par plusieurs hommes de lettres.
Paris. 1830. Tenré. 24 Vol. in-8.° d.r.

415. La France dramatique au dix-neuvième siècle.
Paris. 1831 et suiv. Barba. 17 vol. in-8.° d.r.

416. Magasin théâtral.
Paris. 1830 et suiv. Marchant. 30 Vol. in-8.° d.r.

417. Théâtre de Ville et de Société, précédé de contes moraux et des novateurs gascons ou préservatif contre la manie des révolutions, facéties par F. VERNES DE L. (VERNES DE LUZE.)
Paris. 1820. Mongie. 2 vol. in-8.° d.r.

c.' — **AUTEURS DRAMATIQUES.**

418. Œuvres de JEAN DE ROTROU, avec une notice sur sa vie et des notes historiques et littéraires, par M. VIOLET-LEDUC.
Paris. 1820-23. Desoer. 5 vol. in-8.° d.r.

419. Œuvres de J. B. POQUELIN DE MOLIÈRE.
Paris. 1817. L'Ecrivain. 8 vol. in-18. r.v.

420. Chefs-d'Œuvre de P. CORNEILLE, avec des remarques par VOLTAIRE.
Paris. 1825. V.ᵉ Dabo. (stér.) 5 vol. in-18. r.v.

421. Œuvres choisies de QUINAULT, précédées d'une notice sur sa vie et sur ses ouvrages, par G. A. CRAPELET.
Paris. 1824. Crapelet. 2 vol. in-8.° d.r.

422. Œuvres de JEAN RACINE.
Paris. 1829. Masson et Yonet. (stér.) 5 vol. in-18. r.v.

423. Œuvres complètes de REGNARD, avec des avertisse-

ments et des remarques sur chaque pièce, par M.
GARNIER. N.ᶜ édit.

Paris. 1820. Hautcœur. 6 Vol. in-8.º   r v.

424. Œuvres dramatiques de NERICAULT DESTOUCHES. N.ᵉ
édit., précédée d'une notice sur la vie et les ouvrages de cet auteur. (Par M. DE SENONES.)

Paris. 1820. Hautcœur. 6 Vol. in-8.º   r v.

425. Œuvres de VADÉ ou recueil des opéras comiques et
parodies qu'il a données depuis quelques années,
avec les airs, rondes et vaudevilles notés.

Paris. 1755. Duchêne. 1 Vol. in-8.º   r.v.

426. Les Œuvres de M. DESMAHIS. 1.ʳᵉ édition complète publiée d'après ses manuscrits, avec son éloge historique, par M. de TRESSÉOL.

Tome 2 ᵉ contenant les pièces de théâtre.

Paris. 1778. Humblot. 1 Vol. in-12.

427. Œuvres de CRÉBILLON, avec les notes de tous les com
mentateurs, édit. publiée par M. PARELLE.

Paris. 1828. Verdet et Lequien. 2 Vol in-8.º   r.v.

428. Œuvres complètes de P. L. BUIRETTE DE BELLOY, aca-
démicien et citoyen de Calais.

Paris. 1779. Moutard. 6 Vol. in-8 º   r.v.

429. Œuvres de A. M. LEMIERRE, précédées d'une notice
sur sa vie et sur ses ouvrages par RENÉ PERRIN.

Paris. 1810. Arth. Berthaud 3 Vol. in-8.º   d.r.

430. Œuvres choisies de MARSOLLIER, précédées d'une notice sur sa vie et ses écrits par M.ᵐᵉ la comtesse
D'HAUTPOUL, sa nièce.

Paris 1825. Aubrée et Peytieux, 3 Vol. in-8.º   d.r.

431. Œuvres de L. B. PICART, membre de l'Institut.

Paris. 1821. Barba. 10 Vol. in-8.º   r v.

432. Œuvres posthumes de L. B. Picart. (Théâtre républicain.)
Paris. 1822. Barba. 1 vol. in-8.º   **r.v.**

433. Théâtre de M. J. de Chénier, précédé d'une notice
par M. M. N. L. Lemercier. N.ᵉ édit.
Paris. 1821. Baudouin. 3 vol. in-18.   **r.v.**

434. Œuvres de J. F. Ducis, ornées du portrait de l'au-
teur d'après M. Gérard et de gravures d'après
MM. Girodet et Desenne.
Paris. 1818. Nepveu. 6 vol. in-18.   **r.v.**

435. Œuvres choisies de Collin d'Harleville, précédées
d'une notice par Ourry.
Paris. 1820. Menard et Desenne. 4 vol. in-18. port. r.v.

436. Œuvres complètes d'Alexandre Duval, membre de
l'Institut.
Paris. 1822-23. Barba. (F. Didot.) 9 vol. in-8.º . d.r.

437. Œuvres de F. Guill. J. Stan. Andrieux, membre
de l'Institut.
Paris. 1822. Nepveu. 6 vol. in-18.   **r.v.**

438. Louis xi, tragédie en 5 actes et en vers, représentée
pour la première fois à Paris le 11 février 1832,
par Casimir Delavigne.
Paris. 1832. Barba. (F. Didot.) 1 vol. in-8.º   **d.r.**

439. Les Enfants d'Edouard, tragédie en 3 actes et en
vers par Casimir Delavigne, représentée pour la
1.ʳᵉ fois le 18 mai 1833.
Parls. 1833. Ladvocat. 1 vol. in 8.º   **d.r.**

440. Marion Delorme, drame par Victor Hugo.
Paris. 1831. Renduel. 1 vol. in-8.º   **d.r.**

441. Cromwel, drame par Victor Hugo.
Paris. 1836. Renduel. 2 vol. in-8.º   **d.r.**

442. Vautrin, drame en 5 actes et en prose de Balzac,
représenté à la porte St.-Martin le 14 mars 1840.
Paris. 1841. Delloye. 1 vol. in-8.º   **d.r.**

443. Richard d'Arlington, drame en 3 actes et en prose, précédé de la maison du docteur, prologue, par DINAUX.

Paris. 1832. Barba. 1 vol. in-8.º   d.r.

444. Une Chrétienne et Néron, drame en 5 actes et en vers par ALFRED POURCHEL, d'Amiens.

Paris. 1835. Guillaumin. 1 vol. in-8.º   d.r.

445. Recueil. in-8.º   d.r.

1.º L'Ecole des Mères, tragédie en 5 actes et en vers par NIVELLE DE LA CHAUSSÉE.

Paris. 1745. Prault.

2.º Amour pour Amour, comédie en 3 actes et en vers de M. DE LA CHAUSSÉE.

Paris. 1742. Prault.

3.º L'Enfant prodigue, comédie en vers dissillabes, par M. AROUET DE VOLTAIRE.

Paris. 1738. Prault.

446. Recueil. in-8.º   d.r.

1.º Le Couvent de Tonnington ou la pensionnaire, drame en 3 actes et en prose, par MM. VICTOR DUCANGE et A. BOURGEOIS.

Paris. 1830. Boulland.

2.º La Fiancée, opéra comique en 3 actes, paroles de M. SCRIBE, musique de M. AUBER. 3.ᵉ édit.

Paris. 1829. Bezou.

3.º Thérèse ou l'orpheline de Genève, mélodrame en 3 actes, par M. VICTOR. N.ᵉ édit.

Paris. 1827. Barba.

4.º Le Sabotier ambitieux, drame en 4 actes en 5 tableaux, mêlé de couplets, par MM. DUMERSAN et T. NÈZEL.

Paris 1836. Barba.

5.º Pauline ou sait-on qui gouverne, comédie mêlée de
vaudeville en 2 actes, par MM. MELESVILLE et
CARMOUCHE.
Paris. 1833. Quoy.

6.º Fra Diavolo ou l'hôtellerie de Terracine, opéra comique en 3 actes, paroles de M. SCRIBE, musique
de M. AUBÉR.
Paris. 1830. Bezou.

447. Recueil. in-8.º d.r.

1.º Clotilde, drame en 5 actes et en prose, par MM.
FRÉDÉRIC SOULIÉ et ADOLPHE BOSSANGE.
Paris. 1832. Barba.

2.º La Fiancée, opéra comique.
Paris. 1820. Bezou.

3.º La Muette de Portici, opéra en 5 actes, paroles de
MM. SCRIBE et G. DELAVIGNE, musique de M. AUBER.
Paris. 1819. Bezou.

3.º THÉATRE ÉTRANGER.

448. Répertoire des Théâtres étrangers.
Paris. 1822-23. Brissot-Thivars. 29 Vol. in-18. d.r.

1.º Théâtre anglais, SHAKESPEAR, traduit par Letourneur.
N.º édit., rev., corrig. et enrichie de notes de divers
commentateurs. (Par M. AVENEL.) 12 vol.

2.º Chef-d'œuvres du théâtre anglais. 4 vol.

3.º Théâtre allemand (SCHILLER), traduction de M. de
BARANTE, arrangée par M. BRISSOT-THIVARS. 6 vol.

4.º Théâtre espagnol, trad. par MARIE AYCARD. 2 vol.

5.º Théâtre italien (ALFIERI), traduction nouvelle par
ALPH. TROGNON. 5 vol.

4.º PROVERBES DRAMATIQUES.

449. Proverbes dramatiques, par THÉODORE LECLERCQ. 4.º éd.
Paris. 1828. Santelet et C.ie 7 Vol. in-12. d.r.

450. Proverbes dramatiques de CARMONTELLE, précédés de la vie de Carmontelle, d'une dissertation historique et morale sur les proverbes, recueillis par M. C. DE MÉRY. N.º édit.
Paris. 1822. Delongchamp. 4 Vol. in-8.º r.v.

451. Proverbes dramatiques, par ETIENNE GOSSE.
Paris. 1819. Ladvocat. 2 Vol. in-8.º c.

452. Proverbes dramatiques, par A. ROMIEU.
Paris. 1827. Ladvocat. 1 Vol. in-8.º d.r.

453. Proverbes anecdotiques de STEPHEN ARNOULT.
Paris. 1835. Souverain. 1 Vol. in-8.º d.r.

454. Cardinal Dubois, proverbe historique. Une tuerie de Cosaque, scènes d'invasion de CAVAGNAC GODE-FROY, publié par CHARLES LEMESLE.
Paris. 1851. Bechet. 1 Vol. in-8.º d.r.

455. La Jacquerie, scènes féodales, suivies de la famille de Carvajol, drame, par l'auteur du théâtre de Clara Gazul. (MÉRIMÉE.)
Paris. 1828. Brissot-Thivars. 1 Vol. in-8.º d.r.

VI. Romans.

1.º ROMAN LATIN.

456. L'Ane d'Or D'APULÉE, précédé du démon de Socrate. N.ᵉ traduction avec le latin en regard, par J. A. MAURY.
Paris. 1822. Bastia. 2 Vol. in-8.º d.r.

2.º CONTES ORIENTAUX.

457. Les mille et une Nuits, contes arabes, traduits par GALLAND. Edit. illustrée, revue sur celle princeps de 1704, augm. d'une dissertation par le baron SYLVESTRE DE SACY.
Paris. 1839. Bourdier. 3 Vol. in-8.º maj. d.r.

458. Contes arabes de CHEYKL et MOHDY, traduits d'après les manuscrits originaux par J. J. MARCEL, orientaliste.

Paris. 1835. Dupuy. 3 vol. in-8.º   **d.r.**

459 Les mille et un Jours, contes orientaux traduits du turc, du persan et de l'arabe, par PÉTIS DE LA CROIX, GALLAND, CARDONNE, CHAMISET et CAZOTTE, avec une notice par M. COLLIN DE PLANCY.

Paris. 1826. Rapilly. 5 vol. in-8.º fig.   **d.r.**

3.º CONTES FRANÇAIS.

460. Contes et Nouvelles de Marguerite de Valois, reine de Navarre. N.ᵉ édit., ornée de 75 jolies grav.

Paris. 1807. Duprat-Duverger. 8 vol. in-18.   **cart.**

461. Contes de Guillaume Vadé. Edit. augm. par l'auteur d'un supplément au discours aux Welches.

Genève. 1765. 1 vol. in-8.º   **r.v.**

4.º ROMANS ÉTRANGERS.

462. Œuvres de J. FENIMOORE COOPER, traduites par A. J. B. DE FAUCONPRET.

Précaution — l'Espion — le Pilote — Lionel Lincoln — le dernier des Mohicans — les Pionniers — la Prairie — le Corsaire rouge — les Puritains d'Amérique — l'Ecumeur de mer — le Bourreau de Berne — l'Eidermaner — le Bravo — les Monikins — le Paquebot américain.

Paris. 1830-39. Furne. 16 vol. in-8.º   **r.v.**

463. Bibliothèque ou choix des meilleurs romans anglais.

Amélie Booth — Avantures de Joseph Andrews — Jonathan Wild le Grand — Tom Jones — Julien l'Apostat ou Voyage dans l'autre monde, par FIELDING — Avantures de Roderik Randon, par SMOLLETT — la vie de David Simple, par M.ⁱˢ SARA·FIELDING. Traduction de LAPLACE, DESFONTAINES, PICQUET et KAUFFMAN.

Genève. 1781. Nouffen de Rodon. 14 vol. in-12.   **r.v.**

464. Tom Jones ou l'enfant trouvé, imitation de l'anglais de FIELDING, par DE LA PLACE. N.ᵉ édit.

Paris. 1823. **Parmentier.** 4 Vol. in-18.   d.r.

465. Le Vicaire de Wakefield, traduit de l'anglais de GOLD-SMITH par CHARLES NODIER, précédé d'une notice sur la vie et les ouvrages de Goldsmith. Edit. illustrée.

Paris. 1838. **Bourgueleret.** 1 Vol. in-8.°   d.r.

466. Trois nouvelles d'ISRAÉLI, traduites de l'anglais par M.ᶜ COLLET.

Paris. 1824. **Delaunay.** 1 Vol. in-8.°   d.r.

467. Œuvres complètes du capitaine MARRYAT.

Jacob fidèle — Japhet — Ratlin le marin — Monsieur le Miship-man aisé — Pierre simple — Caïn le Pirate — l'Officier de marine — Kings'own — Ardent Prougthon — Newton Forster — le Pacha — le vieux Commodore.

Paris. 1837. **Ollivier.** 24 Vol. in-8.°   d.r.

468. La Princesse de LADY MORGAN, traduit par M.ˡˡᵉ A. SOBRY.

Paris. 1825. **Arth. Bertrand.** 3 Vol. in-8.°   d.r.

469. Œuvres complètes de L. STERNE, traduites de l'anglais par une société de gens de lettres.

Paris. 1818. **Leroux et Tenré.** 4 Vol. in-8.°   r.v.

470. Œuvres de WALTER SCOOT, traduites par A. J. B. DE FAUCONPRET.

L'Abbé — l'Antiquaire — l'Astrologue — Histoire des Croisades — la Dame du lac — les eaux de Saint-Ronan — la Fiancée de Lammermoor — Ivanhoé — Kenilworth — le Lord des Iles — Marmion — le Monastère — Nigel — le Pirate — la Prison d'E-dimbourg — les Puritains — Peveril du Pic — Quentin Durward — Redgauntlet — Rob-Roy — Rokeby — Waverley.

Paris. 1828 et suiv. **Nicolle.** 81 Vol. en 42. in-12.   d.r.

471. Romans héroïques de JEAN AMBROISE MARIN, traduit de l'italien par M. le comte DE CAYLUS et M. DE SERÉ. (La Caloandre fidèle, les Désespérés.)

Lyon. 1788. **Bruysset fr.** 3 Vol. in-12.   r.v.

472. Œuvres complètes de E. T. HOFFMANN, précédées d'une notice historique sur Hoffmann, par WALTER SCOOT. Contes fantastiques, traduits par M. LOÈVE VEIMARS; le Pot d'Or, aventures de la nuit de St. Sylvestre, la princesse Brambilla, traduites par M. THÉODORE TOUSSENEL.
Paris. 1830. Lefebvre. 8 Vol. in-12.   d.r.

473. Œuvres de JEAN PAUL FRÉDÉRIC RICHTER, traduites de l'allemand par PHILARÈTE CHASLES. (Titan.)
Paris. 1834. Abel Ledoux. 4 Vol. in-8.º   d.r.

474. Werther, traduction de l'allemand de GOETHE, par C. AUBRY. N.e édit., fig.
Paris. 1797. Didot jeune. 2 Vol. in-18.   d.s.t.

475. L'ingénieux Hidalgo Don Quichotte de la Manche de MIGUEL DE CERVANTÈS SAAVEDRA, traduit et annoté par LOUIS VIARDOT. Édit. illust. par Tony Johannot.
Paris. 1836. Dubochet. 2 Vol. in-8.º   d.r.

476. Histoire de l'admirable Don Quichotte de la Manche, traduite de l'Espagnol de MICHEL CERVANTÈS, par FILLEAU DE S.t MARTIN.
Paris. 1825. Salmon. 8 Vol. in-18.   d.r.

477. Contes de BOCACE, traduction nouvelle, augm. de divers contes et nouvelles en vers imités de ce poète célèbre par LA FONTAINE, PASSERAT, VERGIER, PERAULT, DORAT et autres, etc., par A. SABATIER DE CASTRES.
Paris. An X. (1801). Poncelin. 11 Vol. in-18.   cart.

478. Les Fiancés, histoire milanaise du XVII.e siècle, par ALEXANDRE MANZONI. Traduit de l'italien par M. G. (GOSSELIN.)
Paris. 1828. Dauthereau. 4 Vol. in-18.   r.v.d.

5.º ROMANS FRANÇAIS.

a. — ROMANS CONSIDÉRÉS COMME POÉMES EN PROSE.

479. Aventures de Télémaque, fils d'Ulysse, par FRANÇOIS

5.

DE SALIGNAC DE LA MOTHE FÉNÉLON. 2.ᵉ édition.
Paris. 1720. Jac. Estienne. 2 vol. in-12. **r.v.**

480. Hymne au Soleil, par l'abbé de REYRAC, suivie de
plusieurs morceaux du même genre qui n'ont pas
encore paru. 6.ᵉ édit.
Paris. 1782. Debure l'aîné. 1 vol. in-8.º **d.r.**

481. Joseph, par BITAUBÉ. N.ᵉ édit., grav.
Paris. 1819. Lequien. 1 vol. in-18. **r.v.**

482. Les Martyrs ou le triomphe de la religion chrétienne,
par M. le vicomte DE CHATEAUBRIAND.
Paris. 1829. Ladvocat. 3 vol. in-8.º **r.v.**

483. Antigone, par M. P. S. BALLANCHE. N.ᵉ éd., orn. de 6 gr.
Paris. 1839 Beaujonais et Jourdan. 1 vol. in-8.º **d.r.**

b. — **ROMANS HISTORIQUES.**

484. Le Duc d'Enghien, histoire drame, par EDOUARD
D'ANGLEMONT.
Paris. 1832. Delaunay. 1 vol. in-18. **d.r.**

485. Le Prince de MACHIAVEL ou la Romagne en 1502,
par H. AUGER.
Paris. 1834. Guillaumin. 2 vol. in-8.º **d.r.**

486. L'Auditeur au Conseil d'Etat, histoire de l'empire,
par M.ᵐᵉ la comtesse O. Dxxx.
Paris. 1835. Lachapelle. 2 vol. in-8.º **d.r.**

487. Marie Touchet, chronique orléanaise, par JEAN LES-
GUILLON.
Paris. 1833. Vimont. 1 vol. in-8.º **d.r.**

488. Le Siége d'Amiens, roman historique au XVI.ᵉ siècle.
(Par M. AUG. MACHART, conseiller à la cour royale
d'Amiens.)
Amiens. 1830. R. Machart. 4 vol. in-12. **r.v.**

489. Gustave Wasa ou la Suède au XVI.ᵉ siècle, roman
historique par MARDELLE.
Paris. 1830. Debay. 5 vol. in-12. **d.r.**

490. Jeanne de Naples, par E. M. MASSE.
    Paris. 1833. Delongchamp. 1 vol. in-8.º   d.r.

491. Le Siége de Toulon ou les six derniers mois de
    1793, par E. M. MASSE.
    Paris. 1834. Delongchamp. 2 vol. in-8.º   d.r.

492. L'Assassinat, scènes méridionales de 1815, par MÉRY.
    Paris. 1832. Urb. Canel. 1 vol. in-8.º   d.r.

493. Le Vendéen, épisode de 1793, par A. E. DE P.
    Paris. 1840. Depister. 2 vol. in-8.º   d.r.

494. La Conspiration de Cellamare, épisode de la régence,
    par J. VATOUT. 2.ᵉ édit.
    Paris. 1832. Ladvocat. 2 vol. in-8.º   d.r.

495. Cinq-Mars ou une conjuration sous Louis XIII, par
    le comte ALFRED DE VIGNY. 5.º édit. précédée de
    réflexions sur la Vérité dans l'art.
    Paris. 1833. Ch. Gosselin. 2 vol. in-8.º   d.r.

496. La Contemporaine en Egypte, pour faire suite aux
    souvenirs d'une femme sur les principaux person-
    nages de la république, du consulat, de l'empire
    et de la restauration. (Par IDA SAINT-ELME, ELZE-
    LINA VAN AYLDE JONGHE.)
    Paris. 1831. Ladvocat. 6 vol. in-8.º   d.r.

497. Paris en Province et la Province à Paris, par M.ᵐᵉ
    G.ᵗᵗᵉ DUCREST. 2.ᵉ édit.
    Paris. 1831. 3 vol. in-8.º   d.r.

498. Les Sires de Beaujeu ou Mémoires historiques sur
    les monastères de l'île Barbe et la toùr de la
    belle Allemande, extraits d'une chronique du XIV.ᵉ
    siècle par l'auteur de Paris, Versailles et les Pro-
    vinces au XVIII.ᶜ siècle. (DUGAST DE BOIS SAINT-
    JUST.)
    Lyon. 1810. Tournachon. 2 vol. in-8.º   d.r.

499. Ursula, princesse britannique, d'après la légende et les peintures d'Hemling, par un ami des lettres et des arts.

Gand. 1823. Oudin. 1 vol. in-8.º   d.r.

c. — ROMANS DE DIFFÉRENTS GENRES.

500. L'Astrée de M.ᵉ Honoré d'Urfé, pastorale allégorique, avec la clé. N.ᶜ édit. (publiée par l'abbé Souchay), où, sans toucher ni au fond ni aux épisodes, on s'est contenté de corriger le langage et d'abréger les conversations.

Paris. 1733. Whitte et Didot. 10 vol. in-12.   r.v.

501. Histoire et plaisante Chronique du petit Jehan de Saintré et de la dame des belles cousines, par le Comte de Tressan.

Paris. 1830. Lequien. 1 vol. in-24.   r.v.d.

502. Le Diable boiteux, par Le Sage, illustré par Tony Johannot, précédé d'une notice sur Le Sage, par Jules Janin.

Paris. 1840. Ern. Bourdin. 1 vol. in-8.º   d.r.

503. Campagnes philosophiques ou Mémoires de M. de Montcal, par l'auteur des Mémoires d'un homme de qualité (l'abbé Prévost.) 1.ʳᵉ partie.

Amsterdam. 1741. Desbordes.   **in-12.**   dr.

504. La nouvelle Héloïse ou lettres de deux amants habitans d'une ville au pied des Alpes, recueillies et publiées par J.-J. Rousseau.

Paris. 1784. Duchesne. 4 vol. in-12.   r.v.

On trouve à la suite la prédiction faite sur l'auteur de la Nouvelle Héloïse par Ch. Jos. Panckoucke, laquelle a paru sous le titre: *Contre-Prédiction au sujet de Nouvelle Héloïse,* dans le Journal encyclopédique de juin 1767.

505. Le Comte de Valmont, ou les égarements de la raison. (Par l'abbé GÉRARD, chanoine de St.-Louis du Louvre.)

Paris. 1779. **Moutard.** 5 vol. in-12. fig.

506. Œuvres complètes de Mme DE SOUZA, rev., corrig, augm., imprimées sous les yeux de l'auteur et ornées de grav.

Paris. 1821-22. **Eymery.** 6 vol. in-8.º   **d.r.**

507. Œuvres de Madame COTTIN, précédées d'une notice historique sur l'auteur.

Paris. 1820. **Tenré.** 12 vol. in-18.   **r.v.**

(Claire d'Albe — Malvina — Amélie Mansfield — Mathilde — Elisabeth.)

508. Elisabeth ou les exilés de Sibérie, par Mme COTTIN.

Paris. 1829. **Verdet et Lequien.** in-24.   **r.v.d.**

509. Vie du chevalier de FAUBLAS, par LOUVET DE COU-PEVRAY.

Paris. 1816. **Gueffier.** 8 vol. in-18.

510. Corinne ou l'Italie, par Mme DE STAEL HOLSTEIN. 5.e édit., rev. et corrig.

Paris. 1812. **Mame.** 2 vol. in-12.   **r.v.**

511. Delphine, par Mme DE STAEL HOLSTEIN. N.^e édit. rev. et corrig.

Paris. 1819. **Ledentu.** 6 vol. in-18.   **r.v.**

512. Atala et René, par M. le vicomte DE CHATEAUBRIAND.

Paris. 1829. **Ladvocat.** 1 vol. in-8.º   **r.v.**

513. Les Natchez, par M. le vicomte DE CHATEAUBRIAND.

Paris. 1829. **Ladvocat.** 2 vol. in-8.º   **r.v.**

514. L'Orphelin et l'Usurpateur, dédié à M. le vicomte de Chateaubriand par ALPH. FRESSE-MONTVAL.

Paris. 1834. **Hyvert.** 2 vol. in-8.º   **d.r.**

515. Notre-Dame de Paris, par VICTOR HUGO.

Paris. 1836. **Eug. Renduel.** 3 vol. in-8.º   **d.r.**

516. Œuvres de PAUL DE KOCK.

> **Paris. 1833-36. Barba. 20 Vol. in-8.º**   **d.r.**

> Georgette — Gustave — Frère Jacques — Mon Voisin Raymond
> — M. Dupont — Sœur Anne — l'Enfant de ma Femme —
> le Barbier de Paris — la Laitière de Montfermeil — Jean
> — la Maison blanche — la Femme, le Mari et l'Amant —
> l'Homme de la nature et l'Homme civilisé — le Cocu —
> Magdelaine — un Bon Enfant — la Pucelle de Belleville —
> Contes et Chansons — Tableaux de Mœurs.

517. L'Article 386 ou le vol et l'amour, par AUGUSTE
RICARD.

> **Paris. 1827. Boulé. 1 Vol. in-8.º**   **d.r.**

518. Cazilda, histoire contemporaine, par EMILE DE ST.-
HILAIRE.

> **Paris. 1832. B. Renault. 5 Vol. in-12.**   **d.r.**

519. Don Alonzo ou l'Espagne, histoire contemporaine,
par N. A. DE SALVANDY, ministre. 4.ᵉ édit.

> **Paris. 1828. Baudouin frères. 4 Vol. in-12.**   **d.r.**

520. L'Amirante de Castille, par M.ᵐᵉ la duchesse D'A-
BRANTÈS.

> **Paris. 1832. Mame-Delaunay. 2 Vol. in-8.º**   **d.r.**

521. Scènes de la Vie espagnole, par M.ᵐᵉ la duchesse
D'ABRANTÈS.

> **Paris. 1836. Dumont. 2 Vol. in-8.º**   **d.r.**

522. Histoires contemporaines, par M.ᵐᵉ la duchesse d'A-
BRANTÈS.

> **Paris. 1835. Dumont. 2 Vol. in-8.º**   **d.r.**

523. Quinze Ans d'exil dans les états romains pendant la
proscription de Lucien Bonaparte, par le comte DE
CHATILLON.

> **Paris. 1842. Berquet. 2 Vol. in-8.º grav.**   **d.r.**

524. Le Salmigondis. 2.ᶜ édit.

> **Paris. 1827. V. Magen. 12 Vol. in-8.º**   **d.r.**

525. Galanteries d'une Demoiselle du Monde ou Souvenirs de Mlle Du Thé, par l'auteur des Mémoires de la comtesse du Barri.

    Paris. 1835. Menard. 4 Vol. in-8.º   d.r.

526. Mémoires d'un forban Philosophe.

    Paris. 1829. Moutardier. 1 Vol. in-8.º   d.r.

527. Paris ou le Livre des Cent et un.

    Paris. 1831-36. Ladvocat. 15 Vol. in-8.º   d.r.

528. Les Aventures de Polydore et d'Honorine, par L. René Yvetot.

    Paris. 1831. Ab. Ledoux. 2 Vol. in-8.º   d.r.

VII. Facéties.

529. Œuvres de F. Rabelais. Edit. dirigée par M. de l'Aulnaye.

    Paris. 1823. L. Janet 3 Vol. in-8.º   d.r.

530. Musée de la Caricature ou recueil des caricatures les plus remarquables publiées en France depuis le XIVe siècle jusqu'à nos jours, par Jaime, avec un texte historique et descriptif par Brazier, Brucker, etc.

    Paris. 1838. Delloye. 2 Vol. in-4.º   d.r.

531. Muséum parisien, histoire physiologique, pittoresque, philosophique et grotesque de toutes les bêtes curieuses de Paris et de la banlieue, par Louis Huart, avec 150 vignettes.

    Paris. 1841. Beauger et Cie 1 Vol. in-8.º   d.r.

532. La Pile de Volta, recueil d'anecdotes violentes, publiées par un partisan de la littérature galvanique.

    Paris. 1831. Ledoux.   **in-18.**   d.r.

533. Les Guêpes, par Alphonse Karr. (Mai et Octob. 1841.)

    Paris. 1841. Rue Neuve-Vivienne. 2 Vol. in-18.   cart.

554. Physiologie des Amoureux, par ETIENNE DE NEUFVILLE, illustrations de GAVARNI.

Paris, 1841. Jules Laisné. in-18. **cart.**

555. Physiologie du Bourgeois, texte et dessins par HENRI MONNIER.

Paris. 1840. Aubert 1 Vol. in-18. **c.**

556. Physiologie historique, politique et descriptive du Chateau des Tuileries, par l'auteur des Mémoires d'une femme de qualité.

Paris. 1842. Lachapelle. in-18. **c.**

557. Physiologie du Créancier et du débiteur, par MAURICE ALHOY, vignettes de JANET LANGE.

Paris. 1840. Aubert. in-18. **c.**

558. Physiologie du Député, par P. BERNARD, dessin de HENRI EMY.

Paris. 1841. Raymond Bocquet. in-18. **c.**

559. Physiologie de l'Ecolier, par EDOUARD OURLIAC, vignettes de GAVARNI.

Paris. 1840. Aubert. in-18. **c.**

540. Physiologie du Gamin de Paris, galopin industriel, par E. BOURGET, illustration de MARKL.

Paris. Jules Laisné. in-18. **c.**

541. Physiologie du Goût ou méditations de gastronomie transcendante, ouvrage théorique, historique et à l'ordre du jour, dédié aux gastronomes parisiens, par un professeur. N.^{c} édit., ornée de grav., et précédée d'une notice par EUGÈNE BARESTE.

Paris. 1841. Lavigne. 2 Vol. in-18. **c.**

542. Physiologie de la Grisette, par LOUIS HUART, vignettes de GAVARNI.

Paris. 1840. Aubert. in-18. **c.**

543. Physiologie de l'Homme à bonnes Fortunes, par

Edouard Lemoine, vignettes de MM. Alophe et Janet Lange.

Paris. 1840. Aubert.   in-18.   c.

544. Physiologie du Franc-maçon, par Pluchonneau aîné, dessins de Josquins, gravés par Maurisset.

Paris. 1840. Warée.   in-18.   c.

545. Physiologie du Médecin, par Louis Huart, vignettes de Trémolet.

Paris. 1840. Aubert.   in-18.   c.

546. Physiologie du Musicien, par Alb. Cler, vignettes de Daumier, Gavarni, Janet Lange et Valentin.

Paris. 1840. Aubert.   in-18.   c.

547. Physiologie du Poète, par Sylvius, illustrations de Daumier.

Paris. 1842. Jules Laisné.   in-18.   c.

548. Physiologie de la portière, par James Rousseau (de la *Gazette des Tribunaux*), vignettes par Daumier.

Paris. 1841 Aubert.   in-18.   c.

549. Physiologie du Théâtre, par un Journaliste, vignettes de MM. H. Emy et Birouste.

Paris. 1841. Lainé.   in-18.   c.

550. Physiologie du Troupier, par Emile Marco de St.-Hilaire, vignettes par Jules Vernier.

Paris. 1841. Aubert.   in-18.   c.

551. Physiologie du Voyageur, par Maurice Alhoy, vignettes de Daumier et Janet Lange.

Paris. 1840. Aubert.   in-18.   c.

552. Code de l'Amour ou corps complet de définitions, lois, règles et maximes applicables à l'art d'aimer ou de se faire aimer, par M. de Molière.

Paris. 1829. Froment.   in-18.   d.r.

553. Code civil, manuel complet de la politesse, du bon

ton , des manières de la bonne compagnie, etc.,
par l'auteur du code gourmand. (HORACE RAISSON
et AUG. ROMIEU.)

Paris. 1828. Roret. in-18. d.r.

554. Code de Commerce. Manuel complet d'industrie com-
merciale , par l'auteur du Code de la Conversation,
(DE SAINT MAURICE.)

Paris. 1829. Roret. 1 **Vol.** in-18. d.r.

555. Code conjugal , contenant les lois, règles, applications et exemples de l'art de se bien marier et
d'être heureux en ménage, par HORACE RAISSON.

Paris. 1829. Roret. in-18. **gr.** d.r.

556. Code de la Conversation , manuel complet du langage
élégant et poli , par HORACE RAISSON. (et AUG. ROMIEU.)

Paris 1829. **Roret.** in-18. d.r.

557. Code épicurien pour l'année 1829. Choix de chansons
anciennes , modernes et inédites, publiées par J.
ROUSSEAU , auteur du Code civil et du Code théâtral.

Paris. 1829. Roret. 1 **Vol.** in-18. d.r.

558. Code gourmand , manuel complet de gastronomie transcendante. (Par HORACE RAISSON et AUG. ROMIEU.)

Paris. 1830. Roret. in-18. d.r.

559. Code pénal des honnêtes gens, manuel complet contenant les lois , règles , applications et exemples de
l'art de mettre sa fortune, sa bourse et sa répu-
tation à l'abri de toutes les tentatives. (Par HO-
RACE RAISSON ou plutôt M. DE BALZAC.)

Paris. 1829. Roret. in-18. d.r.

560. Code théâtral. Physiologie du théâtre, manuel complet de l'auteur , du directeur , de l'acteur , de
l'amateur, etc., par J. ROUSSEAU, l'un des auteurs
du Code civil.

Paris. 1829. Roret. 1 **Vol.** in-18. d.r.

561. Code de la toilette , manuel complet d'élégance et d'hygiène , contenant les lois , règles , applications et
exemples de l'art de soigner sa personne et de s'ha-
biller avec goût et méthode. (Par Horace Raisson.)
4.ᵉ édit.

Paris. 1829. Roret. in-18. ·d.r.

VIII. Polygraphes.

1.° Polygraphes grecs.

562. Lucien, de la traduction de Perrot, sieur d'Ablancourt,
avec des remarques sur la traduction. N.ᵉ édit.

Paris. 1707. Guignard. 3 Vol. in-12. r.v.

563. Œuvres complètes de l'Empereur Julien , traduites pour
la première fois du grec en français, par R. Tour-
let , accompagnées d'arguments et de notes et précédées d'un abrégé historique et critique de sa vie.

Paris. 1821. Moreau. 3 Vol. in-8.° d.r.

2.° Polygraphe latin.

564. Œuvres complètes de M. T. Ciceron , traduites en français avec le texte en regard.

Paris. 1816-17. Fournier. 31 Vol. in-8.° r.v.

3.° Polygraphe anglais.

565. Œuvres complètes de W. Roberston , précédées d'une
notice par J. A. C. Buchon.

Paris. 1838. Derayes. 2 Vol. in-8.° (Panthéon littér.) d.r.

4.° Polygraphe français.

566. Œuvres complètes de Michel de l'Hospital , chance-
lier de France , ornées de portraits et de vues
dessinées et gravées par Tardieu et précédées d'un

essai sur sa vie et ses ouvrages, par J. S. Dufey de l'Yonne.

Paris. 1826. **Boulland.** 6 vol. in-8.º r.v.

567. Mélanges curieux des meilleures pièces attribuées à M. de S.[1] Evremond et de quelques autres ouvrages rares et curieux (recueillies par Desmaizeaux.) N.ᵉ édit., plus les mémoires de la vie du comte D. avant sa retraite. (Par l'abbé P. de Villiers.)

Paris. 1740. 7 **vol.** in-12. r.v.

568. Œuvres choisies de Fénélon, précédées d'une notice biographique et littéraire par M. Villemain.

Paris. 1820. **Et. Ledoux.** 6 vol. in-8.º d.r.

569. Œuvres du comte Hamilton, précédées d'une notice historique sur sa vie et ses ouvrages, par J. B. S. Champagnac, et augmentées d'une suite des Quatre Facardins et de Zéneyde.

Paris. 1825. **Salmon.** 2 vol. in-8.º r.v.

570. Opuscules de feu Rollin, ancien recteur de l'université, contenant diverses lettres qu'il a écrites et reçues, ses harangues, discours, compliments, mandements et poésies, avec son éloge historique par M. de Boze.

Paris. 1771. **Etienne fr.** 2 vol. in-12. r.v.

571. Œuvres complètes de Lesage avec une notice par M. Beuchot.

Paris. 1818-21. **Genets jeune.** 14 vol. in-12. r.v.

572. Œuvres de Montesquieu.

Paris. 1838. **Pourrat fr.** 6 vol. in-8.º d.r.

573. Œuvres de Montesquieu.

Paris. 1823. **Garnery.** 8 vol. in-12. r.v.

574. Œuvres de Dumarsais (recueillies et publiées par MM. Duchosal et Millon.)

Paris. An v. (1897). **Pougin.** 7 vol. in-8.º d.r.

575. Œuvres de FONTENELLE, précédées d'une notice historique sur la vie et les ouvrages de l'auteur, par J. B. J. CHAMPAGNAC.
   Paris. 1825. Salmon. 5 Vol. in-8.°   **r.v.**

576. Œuvres de BOULLANGER.
   Amsterdam. 1794. 6 Vol. in-8.°   **d.r.**

577. Œuvres complètes de MARIVEAUX. N.e édit. avec une notice historique sur la vie et le caractère du talent de l'auteur, des jugements littéraires et des notes par M. DUVIQUET (et M. PAUL DUPORT.)
   Paris. 1825-27. Gayet jeune. 10 Vol. in-8.° port.   **r.v.**

578. Œuvres choisies de l'abbé PRÉVOST, avec un essai sur sa vie et ses ouvrages. (Par M. BERNARD D'HÉRY.)
   Paris. 1810-16. Leblanc. 39 Vol. in-8.° fig.   **r.v.**

579. Œuvres complètes de LOUIS RACINE.
   Paris. 1808. Lenormant. 6 Vol. in-8.°   **r.v.**

580. Œuvres du Philosophe bienfaisant (STANISLAS I, roi de Pologne) publiées par MARIN.
   Paris. 1763. 4 Vol. in-8.°   **r.v.**

581. Œuvres complètes d'HELVETIUS. N.e édit. corrigée et augmentée sur les manuscrits de l'auteur, avec sa vie et son portrait.
   Paris. 1795. Servières. 5 Vol. in-8.°   **d.r.**

582. Œuvres de DUCLOS (précédées d'une notice sur l'auteur, par M. VILLENAVE.)
   Paris. 1821. A. Belin. 6 Vol. in-8.°   **d.r.**

583. Œuvres complètes d'ALEXIS PIRON, publiées (avec un discours préliminaire et une vie de l'auteur) par RIGOLEY DE JUVIGNY.
   Amsterdam. 1776. Mich. Rey. 8 Vol. in-16.   **r.v.**

584. Œuvres complètes de SAINT-FOIX.
   Paris. 1778. V.e Duchesne. 6 Vol. in-8.°   **r.v.**

585. Œuvres complètes de VOLTAIRE, avec des remarques
et des notes historiques, scientifiques et littéraires.
N.º édit.
> **Paris. 1822. Baudouin. 75 vol. in-8.º grav.**   **d.r.**

586. Œuvres complètes de J.-J. ROUSSEAU, classées par
ordre de matières (avec des notes par MERCIER,
l'abbé BRIZARD et DE L'AULNAIE.)
> **Paris. 1788-93. Poincot. 37 vol. in-8.º planch.**   **r.v.**

587. Œuvres complètes de CONDILLAC. N.º édit. (publiée
par A. F. THÉRY), avec une notice sur CONDILLAC.
> **Paris. 1822. Lecointe et Durey. 16 vol. in-8.º**   **r.v.**

588. Œuvres posthumes de d'ALEMBERT. (Pub. par POUGENS.)
> **Paris. 1799. Ch. Pougens. 2 vol. in-8.º**   **d.r.**

589. Œuvres de DENIS DIDEROT, publiées sur ses manuscrits par JACQUES-ANDRÉ NAIGEON de l'Institut.
> **Paris. An VIII. Deterville. 15 vol. in-12.**   **r.v.**

590. Œuvres complètes de THOMAS, précédées d'une notice
sur sa vie et sur ses ouvrages par M. GARAT.
> **Paris. 1822. F. Didot. 6 vol. in-8.º**   **d.r.**
> La notice qui avait été annoncée comme devant être de GARAT,
> suivant le titre, est de M. DE SAINT-SURIN, qui l'a donnée
> en 1825.

591. Œuvres complètes de l'abbé DE MABLY (précédées de
son éloge historique, par M. l'abbé BRIZARD.)
> **Londres. 1789. 13 vol. in-8.º**   **r.v.**

592. Œuvres posthumes de FRÉDÉRIC II, roi de Prusse.
(Publiées par CH. LAVEAUX.)
> **Berlin. 1718. Wosset Decker. 15 vol. in-8.º**   **r.v.**

593. Œuvres complètes de BERQUIN, ornées de 193 figures,
précédées du portrait et de la vie de l'auteur,
augmentées de la bibliothèque des villages.
> **Paris. 1802. Le Prieur. 10 vol. in-12.**   **c.**

594. Œuvres complètes de MIRABEAU, précédées d'une no-

tice historique sur sa vie par M. Barthe, Avocat.
Paris. 1820. Kleffer. 8 Vol. in-8.º d.r.

595. Œuvres complètes de Madame Riccoboni. N.º édit.,
revue et augm. par l'auteur, et ornée de 24 fig.
Paris. 1786. Volland. 8 Vol. in-8.º d.r.

596. Œuvres de M. J. Chénier, précédées d'une notice par
M. Arnault, rev. corr. et mise en ordre par D.
Ch. Robert, ornée d'un portrait par H. Vernet.
Paris. 1825. Guillaume. 5 Vol. in-8.º d.r.

597. Œuvres posthumes de Mar. Jos. Chénier, revues,
corrigées et augmentées de beaucoup de morceaux
inédits, avec une notice de M. Daunou.
Paris. 1825. Guillaume. 2 Vol. in-8.º d.r.

598. Œuvres complètes de Chamfort, recueillies et publiées
avec une notice historique sur sa vie et ses ouvrages par P. R. Auguis.
Paris. 1824. Chaumerot. 4 Vol. in-8.º d.r.

599. Œuvres de Florian.
Paris. 1810. Briand. 12 Vol. in-18. r.v.

600. Guillaume Tell ou la Suisse libre, ouvrage posthume de
M. de Florian, précédé de la vie de l'auteur par
Jauffret, de plusieurs fables, poésies fugitives, etc.
Paris. An x. Guillemin. 1 Vol. in-8.º r.v.

601. Œuvres diverses de l'abbé J.-J. Barthélémy. N.º édit.
augm. de l'Essai sur la vie de J.-J. Barthélémy,
par Nivernois.
Paris. 1823. Gueffier J.ᶜ. 2 Vol. in-8.º Pl. et Port. d.r.

602. Œuvres complètes de Beaumarchais, précédées d'une
notice sur sa vie.
Paris. 1821. Et. Ledoux. 6 Vol. in-8.º r.v.

603. Œuvres de Marmontel, accompagnées d'une notice
sur sa vie et ses ouvrages, par M. de Saint Surin.
Paris. 1828. Ledoux. 15 Vol. in-8.º r.v.

604. Œuvres posthumes de Marmontel. (Publiées par M. Alissan de Chazet.)

     Paris. 1820. Verdière. 1 Vol. in-8.º fig.   **r.v.**

605. Œuvres de Madame Duboccage.

     Lyon. 1764. Périsse. 5 Vol. in-8.º   **r.v.**

606. Œuvres de La Harpe, accompagnées d'une notice sur sa vie et sur ses ouvrages. (Par M. de Saint Surin.)

     Paris. 1820-21. Verdière. 16 Vol. in-8.º   **r.v.**

607. Œuvres diverses d'Arnaud. (Fr. Th. Mar. de Baculard d')

     Paris. 1784 et 1803. 23 Vol. in-12.   **d.r.**

608. Œuvres complètes de l'abbé Proyart, chanoine d'Arras, précédées d'une notice sur l'auteur.

     Paris. 1819. Mequignon fils. 17 Vol. in-8.º   **d.r.**

609. Œuvres anciennes d'André Chénier, rev. corr. et mises en ordre par D. Ch. Robert.

     Paris. 1826. Guillaume. 1 Vol. in-8.º   **d.r.**

610. Œuvres posthumes d'André Chénier, augmentées d'une notice historique par M. H. Delatouche, rev. corr. et mises en ordre par D. Ch. Robert.

     Paris. 1826. Guillaume. 1 Vol. in-8.º   **d.r.**

611. Œuvres complètes de Jacques-Henri Bernardin de St.-Pierre, mises en ordre et précédées de la vie de l'auteur par Aimé Martin.

     Paris. 1820. Méquignon-Marvis. 19 Vol. in-18.   **r.v.**

612. Œuvres complètes de M. Palissot. N.ᵉ édit. revue, corrigée, augmentée, avec les dernières correspondances de l'auteur.

     Paris. 1809. Collin. 6 Vol. in-8.º   **d.r.**

613. Œuvres complètes de Volney. 2.ᵉ édit.

     Paris. 1826. Parmentier. 8 Vol. in-8.º   **r.v.**

     Cette édition doit avoir pour titre :

     Œuvres complètes de Volney, précédées d'une Notice sur sa

vie et sur ses écrits. (Par M. Ad. Bossange.).

Paris. 1821. Bossange frères.

Le frontispice seul a été changé et porte tantôt le nom de Parmentier, tantôt de Froment.

614. Œuvres posthumes de Girodet Trioson, suivies de sa
correspondance ; précédées d'une notice historique
sur sa vie et ses ouvrages et mises en ordre par
P. A. Goupin.

Paris. 1829. J. Renouard. 2 vol. in-8.º gr.   **d.r.**

615. Œuvres complètes de Pigault Lebrun.

Paris. 1822-24. F. Didot. 20 vol. in-8.º   **r.v.**

616. Le Citateur, par Pigault Lebrun. N.ᵉ édit.

Paris. 1830. Barba. 1 vol. in-8.º   **r.v.**

617. Œuvres de M. le comte Xavier de Maistre.

Paris. 1833. Ledentu. 4 vol. in-24.   **d.r.**

618. Œuvres complètes de Etienne de Jouy , avec des éclaircissements , des notes et une table générale des
matières.

Paris. 1828-33. J. Didot. 27 vol. in-8.º   **r.v.**

619. Œuvres d'Ant. Vin. Arnault , de l'Institut.

Paris. 1826-27. Bossange. 3 vol. in-8.º   **d.r.**

Ce sont les tomes vi, vii et viii des OEuvres complètes, contenant
Mon Portefeuille et Notice sur quelques hommes célèbres.

620. Œuvres complètes de Charles Nodier. (Tom. viii.
Souvenirs et portraits. Tom. x. Souvenirs de jeunesse.)

Paris. 1833-34. Eug. Renduel. 2 vol. in-8.º   **d.r.**

IX. Dialogues.

621. Nuits romaines au tombeau des Scipions , traduites de
l'italien (du comte Alessendro di Verri) par L.
F. Lestrade. 3.ᵉ édit. grav.

Paris. 1826. Michaut. 2 vol. in-8.º   **d.r.**

6.

X. Epistolaires.

622. Lettres de Pline le Jeune. (Trad. par de Sacy.)
Riom et Clermont. 1799. Landriot et Roussel 2 v. in-12. r.v.

623. Manuel épistolaire à l'usage de la jeunesse, ou instructions générales et particulières sur les différents genres de correspondance, par L. Philippon de la Magdelaine. 13.ᵉ édit.
Paris. 1838. Ferra. 1 vol. in-12. r.v.

624. Code épistolaire contenant les règles, les principes et le cérémonial du style, avec des modèles de lettres sur toute espèce de sujets, par J. Bernier.
Paris. 1828. Froment. 1 vol. in-12. d.r.

625. Les plus belles lettres françaises sur toutes sortes de sujets, tirées des meilleurs auteurs, avec des notes, par P. Richelet.
Paris. 1705. Brunet. 2 vol. in-12. r.v.

626. Le nouveau secrétaire de la cour ou lettres familières sur toutes sortes de sujets avec des réponses.
Paris. 1742. Legras. in-12. broch.

627. Les mémoires de messire Roger de Rabutin, comte de Bussy.
Paris. 1697. Anisson. 3 vol. in-12. r.v.

628. Lettres de Madame de Sévigné à sa fille et à ses enfants. N.ᵉ édit. mise en meilleur ordre par Ph. A. Grouvelle.
Paris. 1819. Dabo et C.ⁱᵉ 13 vol. in-12. r.v.

629. Œuvres complètes de Mesdames de Lafayette, de Tencin et de Fontaines, avec des notices historiques et littéraires par Auger.
Paris. 1820. V.ᵉ Lepetit. 4 vol. in-8.º grav. d.r.

630. Lettre de la duchesse de la Vallière à Louis XIV,

précédée d'un abrégé de sa vie, par Blin de
Sainmore.

> Paris. 1773. Lejay. 1 vol. in-8.º   r.v.

631. Lettres de la marquise de M.*** au comte de R.***
Par M. de Crébillon fils.

> Lahaye. 1738. Scheurleen. 1 vol. in-12.   r.v.

632. Lettres athéniennes ou correspondance d'un agent du
roi de Perse, résidant à Athènes pendant la guerre
du Peloponèse, traduites de l'anglais par Mat.
Cristophe.

> Paris. 1803. Ouvrier. 4 vol. in-12.   r.v.

633. Correspondance littéraire, philosophique et critique
adressée à un souverain d'Allemagne, depuis 1753
jusqu'en 1769, par le baron de Grimm et par
Diderot.

> Paris. 1813. Longchamp. 16 vol. in-8.º   d.r.

634. Les Helviennes ou lettres provinciales philosophiques,
par l'abbé Barruel. 6.ᵉ édit.

> Paris. 1823. Méquignon fils. 4 vol. in-12.   d.r.

635. Lettres d'une Péruvienne, précédées d'une introduction à l'histoire du Pérou, par M.ᵐᵉ de Graffigny.

> Paris. 1826. Verdet et Lequien.   in-24.   r.v.d.

636. Correspondance de J. H. Bernardin de S.ᵗ Pierre,
précédée d'un supplément aux mémoires de sa vie.
Par L: Aimé Martin.

> Paris. 1826. Ladvocat. 3 vol. in-8.º   d.r.

637. Correspondance inédite et secrète du docteur Franklin,
ministre plénipotentiaire aux Etats – Unis, depuis
1753 jusqu'en 1790, publiée pour la première fois
en France.

> Paris. 1817. Janet père. 2 vol. in-8.º   d.r.

638. Choix de lettres de Mirabeau à Sophie.

> Paris. 1818. Pelafol. 4 vol. in-18.   r.v.

6.*

639. Lettres inédites de Mlle PHILIPPON (Mme ROLAND),
adressées aux demoiselles CANNET, de 1772 à 1780,
publiées par AUG. BREUIL.

    Amiens. 1841. E. Yvert. 2 Vol. in-8.°   d.r.

640. Lettres normandes ou correspondance politique et littéraire. 1818. 1819. 1820.

    Paris. 1820. Foulon et Cie 10 Vol. in-8.°   d.r.

641. Lettres vendéennes ou correspondance de trois amis
en 1833, par le vicomte WALSH, dédiée au roi.
4.e édit. augmentée d'une lettre en réponse au Cons-
titutionnel.

    Paris. 1829. Hyvert. 2 Vol. in-8.°   r.v.

XI. Philologie.

1.° CRITIQUES.

a. — CRITIQUE LATIN.

642. Les Nuits attiques d'AULU-GELLE, traduites en français, avec le texte en regard, et accompagnées de
remarques, par VICTOR VERGER. 2.e édit. avec une
table.

    Paris. 1830. Bruno-Labbe. 3 Vol. in-8.°   d.r.

b. — CRITIQUES FRANÇAIS.

643. Lycée ou cours de littérature ancienne et moderne,
par J. F. LA HARPE.

    Paris. 1825. Pelafol. 14 Vol. in-8.°   r.v.

644. Cours de littérature grecque, ou recueil des plus
beaux passages de tous les auteurs grecs les plus
célèbres dans la prose et dans la poésie, avec la
traduction française en regard, par J. PLANCHE.

    Paris. 1827-28. Gauthier frères. 7 Vol. in-8.°   d.r.

645. Cours de littérature française, par M. VILLEMAIN.

    Paris. 1838. Didier. 7 Vol. in-8.°   d.r.

Il comprend : Littérature du moyen-âge en France, en Italie, en Espagne et en Angleterre. (Cours de 1830) 2 vol. — Tableau du dix-huitième siècle. (Cours de 1828 et de 1829.) 3 vol. — Tableau de la littérature française au dix-huitième siècle. (Cours de 1827.) 2 vol.

646. Essai sur la littérature romantique.

Paris. 1825. Lenormant. 1 vol. in-8.º   **d.r.**

647. Essai sur la littérature anglaise, par M. le vicomte DE CHATEAUBRIAND. (Tom. 33 et 34 de ses Œuvres complètes.)

Paris. 1837. Pourrat fr. 2 vol. in-8.º   **d.r.**

648. Répertoire de littérature ancienne et moderne ; contenant : 1.º le Lycée de LA HARPE, les éléments de littérature de MARMONTEL, un choix d'articles littéraires de ROLLIN, VOLTAIRE, BATTEUX, etc. ; 2.º des notices biographiques sur les principaux auteurs, avec les jugements des meilleurs critiques ; 3.º des morceaux choisis avec des notes.

Paris. 1824-25. Castel de Courval. 30 vol. in-8.º   **r.v.**

649. Passe-temps poétiques, historiques et critiques, contenant l'esprit de MALHERBES et le portefeuille de M. de LA MARTINIÈRE.

Paris. 1757. Duchesne. 1 vol. in-12.   **d.r.**

650. L'Esprit du grand CORNEILLE ou extrait raisonné de ceux des ouvrages de P. CORNEILLE qui ne font pas partie du recueil de ses chefs-d'œuvre dramatiques, par F. DE NEUFCHATEAU, suivi des chefs-d'œuvres de TH. CORNEILLE.

Paris. 1819. Didot. 2 vol. in-8.º   **d.r.**

651. Beautés de BOSSUET ou extrait des ouvrages les plus remarquables de cet illustre écrivain, tant sous le rapport des pensées que sous celui du style, par M.ᵉ DUFRÉNOY, précédé de l'éloge de BOSSUET par

M. Patin, discours qui a partagé en 1827 le prix d'éloquence.

Paris. 1829. Boulland. 2 Vol. in-12.   d.r.

652. Le génie de Montesquieu. (Par Deleyre.)

Amsterdam. 1758. Arkstée et Merkus. 1 Vol. in-12. r.v.

653. Histoire de la vie et des ouvrages de Voltaire, suivie des jugements qu'ont porté de cet homme célèbre divers auteurs estimés, par Paillet de Warcy.

Paris. 1824. Dufriche. 2 Vol. in-8.º   d.r.

654. L'oracle des nouveaux philosophes, pour servir de suite et d'éclaircissement aux œuvres de M. de Voltaire, par l'abbé Guyon.

Paris. 1765. Borne. 2 Vol. in-12.   r.v.

655. Mémoires sur la vie et les ouvrages de J. H. Bernardin de Saint-Pierre, par L. Aimé Martin, accompagnés de lettres du maréchal de Munich, etc.

Paris. 1828. Ladvocat. 1 Vol. in-8.º   d.r.

656. Esquisses morales et littéraires ou observations sur les mœurs, les usages et la littérature des Anglais et des Américains, par Washington Irving, traduites de l'anglais sur la 4.e édit., par MM. Delpeux et Villetard. 2.e édit.

Paris. 1827. Letellier. 2 Vol. in-8.º   d.r.

2.º Mélanges de Littérature.

657. Mémoires et mélanges historiques et littéraires du Prince de Ligne, avec son portrait.

Paris. 1827. Dupont. 6 Vol. in-8.º   d.r.

658. Œuvres diverses. Mélanges de philosophie et de littérature par P. L. Lacretelle aîné.

Paris. An x (1802.) Treuttel et Wurtz. 3 Vol. in-8.º r.v.

659. Mélanges de littérature, de morale et de physique, par M.me d'Arconville.

Amsterdam. 1775. 7 Vol. in-12.   d.r.

660. Pensées de ROLLIN sur plusieurs points importants de littérature, de politique et de religion, recueillies de son histoire ancienne et de son traité des études, par l'abbé LUCET.

Paris. 1780. **Estienne frères. 1 Vol. in-12.** d.r.

661. Mélanges de littérature et de philosophie du XVIIIe siècle, par l'abbé MORELLET.

Paris. 1818. **Ve Lepetit. 4 Vol. in-8.º** d.r.

662. Mélanges historiques et littéraires, par M. VILLEMAIN.

Paris. 1838. **Didier. 3 Vol. in-8.º** d.r.

663. Les Veillées allemandes, chroniques, contes, traditions et croyances populaires, par GRIMM. Nouvelle trad. avec une introduction par L'HÉRITIER (de l'Ain.)

Paris. 1838. **Me Husard. 2 Vol. in-8.º** d.r.

664. Les Nuits de Berlin, imitées de l'Allemand de SCHNEIDER, suivies d'un tableau de l'état général du protestantisme en Europe et dans les missions protestantes, par l'auteur des Chroniques de la marquise de Créquy.

Paris. 1840. **Verdet. 2 Vol. in-8.º** d.r.

3.° EXTRAITS.

665. Leçons et modèles de littérature française ancienne et moderne, depuis le CHATELAIN DE COUCY jusqu'à M. DE LAMARTINE et depuis VILLE HARDOUIN jusqu'à M. DE CHATEAUBRIAND, par P. F. TISSOT.

Paris. 1835-36. **L'Henry. 2 Vol. in-8.º** d.r.

666. Chefs-d'œuvre du siècle de Louis XIV. (Poésie et prose.)

Paris. 1820. **Egron. 1 Vol in-8.º** c.

667. Choix de jolis morceaux des plus célèbres poètes et prosateurs français.

Paris. 1836. **Lefuel.** in-18. r.v.d.

668. Histoires choisies des auteurs profanes où l'on a mêlé divers préceptes de morales tirés des mêmes auteurs, traduites en français avec des notes morales et historiques, par Ch. Simon.

Paris. 1754. D'Houry. 3 Vol. in-12.   r.v.

669. Beautés de Tacite ou choix des morceaux et des pensées les plus remarquables de cet historien sur la morale, la philosophie et la politique, par J. B. Boinvilliers.

Paris. 1825. Eymery. 1 Vol. in-12.   r.v.

670. Beautés de Lord Byron ou choix des pensées et des morceaux les plus remarquables extraits de ses écrits, par Charles-Edouard de Léonville.

Paris. 1825. Eymery. 1 Vol. in-12.   r.v.

4.° Histoire littéraire de France.

671. Tableau historique de l'état et des progrès de la littérature française, depuis 1789, par J. de Chénier. N.ᵉ édit.

Paris. 1821. Baudouin. 1 Vol. in-18.   r.v.

672. Tableau historique des gens de lettres ou abrégé chronologique et critique de l'histoire de la littérature française, considérée dans ses diverses révolutions, depuis son origine jusqu'au XVIII siècle, par M. l'abbé de L.

Paris. 1767-70. Saillant. 6 Vol. in-12.   r.v.

5.° Histoire de l'Université et de l'Académie

française.

673. Histoire de l'Université de Paris, depuis son origine jusqu'à 1600, par Crévier.

Paris. 1761. Desaint et Saillant. 7 Vol. in-12.   r.v.

674. Histoire de l'Académie française, par MM. Pellisson et d'Olivet. 3.ᵉ édit.

    Paris. 1743. Coignard. 2 Vol. in-12.   **d.r.**

675. Histoire des membres de l'Académie française morts depuis 1700 jusqu'à 1775, par D'Alembert.

    Paris. 1779-87. Panckoucke. 6 Vol. in-12. rel. en 3. d.r.

9.º Mélanges.

676. Le Magasin pittoresque. Publié sous la direction de Edouard Charton.

    Paris. 1833 à 1840. rue Jacob. 8 Vol. gr. in-8.º   **d.r.**

677. Le Magasin universel.

    Paris. 1833 à 1840. r. Grands-Augustins. 7 V. gr. in-8.º d.r.

678. Musée des familles, lectures du soir.

    Paris. 1834-41. rue St.-Georges. 8 Vol. gr. in-8.º   **d.r.**

679. La Mosaïque, nouveau magasin pittoresque universel, livre de tout le monde et de tous les pays.

    Paris. 1837. Philippe. 3 Vol. gr. in-8.º   **d.r.**

HISTOIRE.

I. Géographie.

1.º TRAITÉS.

680. Abrégé méthodique de la géographie ancienne, et moderne, avec des cartes de six pieds de hauteur, pour l'instruction publique de la jeunesse, par l'abbé BOUTILLIER.

    Paris. 1779. Barbou. 1 vol. in-12.   **r.v.**

681. Cours méthodique de géographie à l'usage des établissemens d'instruction et des gens du monde, avec un aperçu de l'histoire politique et littéraire des principales nations, par R. CHAUCHARD et A. MUNTZ.

    Paris. 1839. Dubochet. 2 vol. in-8.º maj.   **d.r.**

682. Abrégé de la nouvelle géographie universelle, physique, politique et historiqué de WILLIAM GUTHRIE, rédigé jusqu'à ce jour par HYACINTHE LANGLOIS. N.º édit.

    Paris. 18 . Langlois. 3 vol. in-8.º   **d.r.**

683. Précis de la géographie universelle ou descriptive de toutes les parties du monde sur un plan nouveau, d'après les grandes divisions naturelles du globe, par MALTE BRUN, revu par HUOT. 4.º édit.

    Paris. 1837. V.º Lenormant. 12 vol. in-8.º   **d.r.**

2.º Dictionnaires.

684. Dictionnaire géographique portatif ou description des royaumes, provinces, villes, patriarchats, évêchés, duchés, comtés, marquisats, villes impériales, etc., par Vosgien, chanoine de Vaucouleurs.

Paris. 1755. Didot. 1 vol. in-8.º   r.v.

685. Dictionnaire géographique universel, totalement refondu et mis au niveau de la science moderne, par Vosgien, augmenté d'environ 10,000 articles, avec un tableau synoptique, par Parisot.

Paris. 1830. Baudouin. 1 vol. in-8.º   r.v.

686. Dictionnaire géographique universel des cinq parties du monde, par Vosgien.

Paris. 1839. Lebigre. 1 vol. in-8.º   r.v.

687. Supplément à tous les dictionnaires de Vosgien, contenant les tableaux coloriés des monnaies, cocardes, pavillons, par Civeton et Couché fils.

Paris. 1829. Baudouin.   in-8.º   cart.

688. Dictionnaire universel et complet de géographie moderne, publié par une société de savants, d'après Malte Brun, Lapie, Balbi, Walckenaer, etc., rédigé et mis en ordre par Hyacinthe Langlois.

Paris.   . Langlois. 5 vol. in-8.º   d.r.

3.º Géographie ancienne.

689. Voyage de Néarque des Bouches de l'Indus jusqu'à l'Euphrate ou journal de l'expédition de la flotte d'Alexandre, rédigé sur le journal original de Néarque, conservé par Arrien, traduit de l'anglais de William Vincent par Billecocq.

Paris. An VIII. Imp. de la Répub.   in-4.º   r.v.

4.° Géographie moderne.

690. L'Univers pittoresque, histoire et description de tous
les peuples, par une Société de gens de lettres.

Paris. 1838 et suiv. Didot frères. 16 Vol. in-8.°   d.r.

Cet ouvrage inachevé comprend : Allemagne, 2 vol — Brésil,
1 vol. — Chine, 1 vol. — Etats-Unis, 1 vol. — Egypte,
1 vol. — Grèce, 1 vol. — Italie, 1 vol. — Océanie, 3 vol.
— Russie, 2 vol. — Suède, 2 vol. — Suisse, 1 vol.

691. Alpes pittoresques, description de la Suisse, par M.
le marquis DE CHATEAURIEUX, DUBOCHET, FRASCINI,
le V.ᵗᵉ ALCIDE DE FORESTIER, avec cartes et grav.

Paris. 1837-38. Delloye. 2 vol. in-8.° maj.   d.r.

692. L'Angleterre ou description historique et topographique
du royaume uni de la Grande-Bretagne, par M.
G. B. DEPPING.

Paris. 1824. Ledoux. 6 Vol. in-16.   r.d.s.t.

693. La Belgique pittoresque. Histoire, géographie, topo-
graphie, histoire naturelle, mœurs, coutumes,
antiquités, biographie, statistique, industrie, commerce et beaux-arts.

Bruxelles. 1837. in-8.° maj. gr. cart.   d.r.

694. France pittoresque ou description pittoresque, topographique et statistique des départements et colonies
de la France, par A. HUGO.

Paris. 1835. Delloye. 3 vol. in-8.° maj. planch.   d.r.

695. La Grèce ou description topographique de la Livadie,
de la Morée et de l'Archipel, par G. B. DEPPING.

Paris. 1823. Ferra. 4 Vol. in-18.   r.v.

696. La Pologne historique, littéraire, monumentale, scènes
historiques, monuments, etc., dédiée à la France
et rédigée par une société de littérateurs sous la

direction de Léonard Chodzho par Ignace Stanislas
Grabowski.

Paris. 1835-36. 2 vol. in-8.º maj.　　　　　　　　d.r.

697. La Suisse pittoresque et ses environs. Tableau général
descriptif, historique et statistique des 22 cantons
de la Savoie, d'une partie du Piémont et de Bade,
par Alexandre Martin.

Paris. 1835. Souverain. 1 vol. in-8.º maj. pl.　　　d.r.

5.º Voyages.

a. — COLLECTIONS DE VOYAGES.

698. Encyclopédie des Voyages, contenant l'abrégé historique des mœurs, usages, habitudes domestiques,
religions, fêtes, supplices, funérailles, sciences
et commerce de tous les peuples, par J. Grasset
S.t Sauveur.

Paris. 1796. Deroy. 5 vol. in-4.º fig.　　　　　　d.r.

699. Abrégé de l'histoire général des Voyages, par S. F.
La Harpe. N.c édit.

Paris. 1820. Et. Ledoux. 25 vol. in-8.º dont 1 de pl.　r.v.

700. Histoire générale des Voyages ou nouvelle collection
des relations de voyages par mer et par terre,
mise en ordre et complétée jusqu'à nos jours par
C. A Walckenaer, de l'Institut.

Paris. 1831. Lefebvre. 17 vol. in-8.º　　　　　　d.r.

701. Abrégé des Voyages modernes depuis 1780 jusqu'à
nos jours, contenant ce qu'il y a de plus remarquable, de plus utile et de mieux avéré, par Eyriès.

Paris. 1824. Et. Ledoux. 14 vol. in-8.º　　　　　r.v.

702. Choix de Voyages dans les quatre parties du monde
ou précis des Voyages les plus intéressants par

terre et par mer, entrepris depuis 1806 jusqu'à ce jour, par J. MACCARTHY.

Paris. 1823. V.ᵉ Dabo. 15 Vol. in-12.   **d.r.**

703. Histoire des Voyages modernes effectués par mer et par terre dans les cinq parties du monde, Afrique, Asie, Amérique, Océanie et Europe, depuis 1800, pour faire suite à l'histoire des Voyages de LA HARPE, par ALBERT MONTÉMONT.

Paris. 1838.   **25 Vol. in-8.º**   **d.r.**

704. Le Voyageur moderne ou extrait des Voyages les plus récents dans les quatre parties du monde, publiés en plusieurs langues, jusqu'en 1821, par M.ᵉ ELISABETH DEBON, avec 36 planches.

Paris. 1822. Al. Eymery. 6 Vol. in-8.º   **d.r.**

b. — VOYAGES EN PLUSIEURS PARTIES DU MONDE.

705. Voyage dans les cinq parties du monde, où l'on décrit les principales contrées de la terre, les curiosités naturelles, industrielles, par ALBERT MONTÉMONT.

Paris. 1828. Selligue. 1828. 6 Vol. in-18.   **d.r.**

706. Le Voyageur français ou la connaissance de l'ancien et du nouveau monde, par l'abbé DELAPORTE, FONTENAY et DOMAIRON.

Paris. 1765. Vincent. 28 Vol. in-12 incomplet.   **r.v.**

707. Le tour du monde ou tableau géographique et historique de tous les peuples de la terre, par M.ᵉ DUFRÉNOY. 2.ᵉ édit.

Paris. 1821. Eymery. 6 Vol. in-18.   **r.v.**

708. Merveilles de la nature et de l'art dans les cinq parties du monde, ou description des objets les plus curieux sous tous les rapports, par DE MARLES.

Paris. 1836. Frugen. 3 Vol. in-12. pl.   **r.v.**

709. Relation des Voyages entrepris par ordre de Sa Majesté britannique et successivement exécutés par le com-

modore Byron, le capitaine Cook, le capitaine Car-
teret et le capitaine Wallis, sur les vaisseaux le
Dauphin, le Swallow et l'Endeavour, traduit de
l'anglais. (Par Suard)

Paris. 1789. Nyon et Merigot. 8 Vol. in-8.º   **r.v.**

710. Voyage dans l'hémisphère austral et autour du monde
sur les vaisseaux du roi l'Aventure et la Résolution, en 1772-73-74-75, écrit par Jacques Cook,
commandant de la Résolution, dans lequel on a
inséré la relation du capitaine Turneaux et celles
de MM. Forster, traduit de l'anglais, avec plans
et cartes, par M. Hodges.

Paris. 1792. Mérigot. 6 Vol. in-8.º   **r.v.**

711. Troisième Voyage de Cook, ou Voyage à l'Océan-
Pacifique, ordonné par le roi d'Angleterre, pour
faire des découvertes dans l'hémisphère Nord et
pour déterminer la position et l'étendue de la côte
Ouest de l'Amérique-Septentrionale, la distance de
l'Asie et résoudre la question de passage au Nord,
exécuté sous la direction des capitaines Cook, Clerke
et Goze, sur les vaisseaux la Résolution et la Découverte, dans les années 1776-77-78-79 et 1780,
traduit de l'Anglais par M. D. (Des Meuniers.)

Paris. 1785. rue des Poitevins. 4 Vol. in-8.º   **r.v.**

712. Relation abrégée des voyages de La Pérouse pendant les
années 1785, 1786, 1787 et 1788 pour faire suite
à l'abrégé de l'histoire générale des voyages, par
La Harpe.

Leipsick. 1799. 1 Vol. in-8.º   **d.r.**

713. Promenades autour du monde par M. J. Arago, avec
atlas de 26 planches dessinées par l'auteur.

Paris. 1840. Abel Ledoux. 2 Vol. in-8.º Atlas in-4.º d.r.

c. — **VOYAGES EN AMÉRIQUE.**

714. Voyage en Amérique par M. DE CHATEAUBRIAND.
   Paris. 1828. Ladvocat. 2 vol. in-12.   d r.

715. Cinq années de séjour au Canada par EDWARD ALLEN
   TALBOT, traduit de l'anglais par EYRIÈS, suivies
   d'un extrait du voyage de M. S. M. DUNCAN en
   1810 et 1819.
   Paris. 1825. Boulland. 3 vol. in-8.° Atlas   d r.

716. Souvenirs de voyages (Relation historique et description d'une résidence de 20 ans dans l'Amérique du Sud), par ALFRED DE THEILLÉ.
   Paris. 1839. Corbet. 3 vol. in-8.°   d.r.

d. — **VOYAGES EN ASIE.**

717. Les jeunes voyageurs en Asie, ou description raisonnée des divers pays compris dans cette belle
   partie du monde, par P. C. BRIAND.
   Paris. 1829. Hyvert. 8 vol. in-18. planch.   d.r.

718. Beautés naturelles, historiques, artistiques et monumentales de l'Asie, par M. DE RHÉVILLE.
   Paris. 1837. Béchet. 1 vol. in-12.   r.v.

719. Voyage dans l'empire ottoman, l'Egypte et la Perse,
   fait par ordre du gouvernement pendant les six
   premières années de la république, par G. A. D.
   M. OLIVIER, membre de l'institut.
   Paris. An IX. H. Agasse. 6 vol. in-8.° Atlas   d.r.

720. Voyage en Orient, par ALPH. DE LAMARTINE.
   Paris. 1835. Gosselin. 4 vol. in-8.°   r.v.

721. Voyage en Syrie et en Egypte, pendant les années
   1783, 1784, 1785, pr. M. C. F. VOLNEY, avec
   deux cartes géographiques, et deux planches gravées représentant les ruines du temple du soleil.
   Paris. 1787. Desenne. 2 vol. in-8.°   r.v.

7.

722. Itinéraire de Paris à Jérusalem, par M. DE CHATEAU-
BRIAND.

    Paris. 1829. Ladvocat. 3 Vol. in-8.º   **r.v.**

723. Voyage dans l'intérieur de la Chine et en Tartarie,
fait dans les années 1792, 1793, 1794, par lord
MACARTNEY, traduit par J. CASTÉRA. 3.ᵉ édition
avec 37 planches et 4 cartes.

    Paris. 1806. Buisson. 5 Vol. in-8.º   **d.r.**

724. Recueil des voyages qui ont servi à l'établissement
et aux progrès de la compagnie des Indes Orientales formée dans les provinces unies des Pays-Bas.
(Publié par DE CONSTANTIN.)

    Amsterdam. 1725. Fr. Bernard. 12 Vol. in-12.   **r.v.**

725. Voyages aux îles de la mer du Sud en 1827 et 1828
et relation de la découverte du sort de La Pérouse,
par le capitaine PETER DILLON.

    Paris. 1830. Pillet aîné. 2 Vol. in-8.º planch.   **d.r.**

726. Relation des îles Pelew, situées dans la partie occidentale de l'Océan Pacifique, composée sur les
journaux et les communications du capitaine HENRI
WILSON et de ses officiers qui en août 1783 y ont
fait naufrage sur l'Antilope, traduit de l'anglais,
de GEO. KEATE, écuyer.

    Paris. 1788. Lejay. 2 Vol. in-8.º   **d.r.**

727. Voyage dans la mer du Sud, par J. MAC CARTHY.

    Paris. 1822. Plassan. 2 Vol. in-8.º   **d.r.**

e. — VOYAGES EN AFRIQUE.

728. Voyage à la côte occidentale d'Afrique, fait dans les
années 1786, 1787, par L. DE GRANDPRÉ, officier
de la marine française, contenant la description des
mœurs, usages, lois etc., orné de plans, vues, cartes.

    Paris. 1801. Dentu 2 Vol. in-8.º   **d.r.**

729. Voyage dans l'Afrique occidentale pendant les années 1818, 1819, 1820 et 1821, depuis la Gambie jusqu'au Niger, par WILLIAM GRAY, major, et feu BOCHARD, traduit par M.e CHARL.ᵗᵉ HUGUET.
Paris. 1826. **Huguet.** 1 **vol.** in-8.º   d.r.

730. Voyage pour la rédemption des captifs, aux royaumes d'Alger et de Tunis, fait en 1720 par les pères COMELIN, DELAMOTTE, BERNARD.
Rouen. 1731. **P. Machuel.** 1 **vol.** in-12.   r.v.

f. — VOYAGES EN EUROPE.

731. Les jeunes voyageurs en Europe ou description raisonnée des divers pays compris dans cette partie du monde, avec cartes, par P. C. BRIAND.
Paris. 1827. **Thieriot.** 5 **vol.** in-12.   r.v.

732. Beautés naturelles, historiques, artistiques et monumentales de l'Europe, par DE RHÉVILLE.
Paris. 1837. **Béchet.** 1 **vol.** in-12.   r.v.

733. Voyage de la Grèce, par POUQUEVILLE, consul général de France. 2.e édition, cartes, vues et figures.
Paris. 1826. **F. Didot.** 6 **vol.** in-8.º   d.r.

734. Voyage dans la Russie méridionale et la Crimée, par la Hongrie, la Valachie et la Moldavie, par le C.ᵗᵉ ANATOLE DEMIDOFF. Édit. illustrée de 64 dessins par RAFFET.
Paris. 1844. **Em. Bourdin.** 1 **vol.** in-8.º maj.   d.r.

735. Souvenirs d'un voyage en Livonie, à Rome et à Naples, faisant suite aux souvenirs de Paris, par AUGUSTE KOTZEBUE. Traduit de l'Allemand.
Paris. 1826. **Barba.** 4 **vol.** in-12.   d r.

736. Voyage en Pologne, Russie, Suède, Danemarck, par WILL. COXE, traduit par M. P. H. MALLET d'Upsal. Avec cartes, portraits, plans et figures.
Genève. 1787. **Barde.** 4 **vol.** in-8.º   d.r.

7.*

737. Itinéraire pittoresque au Nord de L'Angleterre, contenant 73 vues des lacs, des montagnes, des châteaux, etc., des comtés de Westmoreland, Cum-
berland, Durham et Northumberland, accompagné
de notes historiques et topographiques en français,
en anglais et en allemand. Le texte français rédigé
par GÉRARD.

Londres. 1835. Fisher. 1 vol. in-4.° r.t.g.

738. Les petits voyageurs en Espagne ou description de
cette célèbre péninsule offrant des détails sur le
sol, les productions naturelles et industrielles, les
curiosités, etc. par P. C. BRIAND.

Paris. 1835. Thieriot. 1 vol. in-12. r v.

739. Voyage en Italie, par M. le V.ᵗᵉ DE CHATEAUBRIAND.

Paris. 1828. Ladvocat. 1 vol. in-12. d.r.

740. Lettres sur l'Italie, par feu M. DUPATY.

Paris. An III. Desenne. 2 vol. in-18 r.v.

741. Voyage aux Alpes et en Italie, contenant la description de ces contrées, avec des détails sur les curiosités naturelles et industrielles, etc. par ALBERT
MONTEMONT. 2.ᵉ édit.

Paris. 1827. Ch. Béchet. 3 vol. in-12. d.r.

742. Voyage d'un français en Italie, fait dans les années
1765, 1766, contenant l'histoire et les anecdotes les
plus singulières de l'Italie, etc. par DE LA LANDE.

Paris et Venise. 1769. Desaint. 8 vol. in-8.° r.v.

743. Voyage d'Italie et de Hollande, par l'abbé COYER.

Paris. 1775. V.ᵉ Duchesne. 2 vol. in-12. d.r.

744. Quatre mois dans les Pays-Bas, voyage épisodique et
critique de deux littérateurs dans la Belgique et
la Hollande, par LE PEINTRE.

Paris. 1830. Leroux. 1 vol. in-8.° d.r.

745. Les voyageurs en Suisse, par M. DE LANTIER, N.º édit.
Paris. 1817. **Arth. Bertrand. 3 Vol. in-8.º**   r.v.

746. Dictionnaire général des villes, bourgs, villages et hameaux de la France et des principales villes des pays étrangers et des colonies, contenant la nomenclature complète de 37,153 communes et de leurs écarts, etc., par DUCLOS.
Paris. 1840. **Ardant. 1 Vol. in-8.º maj.**   d.r.

747. Guide pittoresque du voyageur en France, orné de 90 cartes routières, de 70 portraits et de 600 magnifiques vignettes gravées sur acier, représentant les principales villes, les ports de mer, les établissements d'eaux, etc.
Paris. 1834. **Didot. 5 Vol. in-8.º**   d.r.

748. Merveilles et beautés de la nature en France, par J. B. DEPPING. 4.e édit.
Paris. 1819. **Eymery. 2 Vol. in-12. planch.**   r.v.

749. L'Anacharsis français ou description historique et géographique de toute la France, dédiée à Louise Jenny, par un jeune voyageur.
Paris. 1822. **Janet. 4 Vol. in-18.**   v.r.

750. Les jeunes voyageurs en France ou lettres sur les départements. Ouvrage rédigé par L. N. A. et C. T. entièrement revu et en partie refondu par DEPPING. 22.e édit.
Paris. 1824. **Ledoux. 6 Vol. in-12.**   r.v.

751. Voyage en France et dans les pays circonvoisins, depuis 1775 jusqu'en 1807.
Paris. 1817. **Guillaume. 4 Vol. in-8.º**   d.r.

752. Voyage dans les départements du midi de la France, par AUBIN-LOUIS MILLIN de l'institut.
Paris. 1807. **Imprim. impériale. 5 Vol. in-8.º avec 1 Vol. in-4.º de planch.**   d.r.

753. Voyage dans le midi de la France, par Pigault Lebrun et Victor Augier, avocat.
> **Paris. 1827. Barba. 1 Vol. in-8.º**   r.v.

754. Promenades en Alsace, d'un père avec ses enfants,
par Chasserot.
> **Paris. 1835. Tenon. 1 Vol. in-12.**   r.v.

755. Voyage dans la Vendée et dans le midi de la France,
suivi d'un voyage pittoresque dans quelques cantons de la Suisse. 2.ᵉ édit.
> **Paris. 1821. Méquignon fils aîné. 1 Vol. in-8.º**   d.r.

756. Nouvel itinéraire portatif de France, orné d'une carte
et de cinq jolies panoramas des villes principales,
par A. M. Perrot.
> **Lille. 1826. Vanackere.   in-18.**   d.r.

757. Voyages en France et autres pays, en prose et en
vers, par Racine, la Fontaine, etc.
> **Paris 1824. Lelong. 5 Vol. in-18**   r.v.

758. Le dernier voyage de Nelgis ou Mémoires d'un vieil-
lard, dédiés à M. le Marquis d'Aligre, par Madame la comtesse de Genlis.
> **Paris. 1828. Delaunay. 2 Vol. in-8.º**   d.r.

6.º Histoire des Naufrages.

759. Histoire des naufrages ou recueil de relations les
plus intéressantes des naufrages, hyvernements,
délaissements, incendies, etc., par Deperthes. N.ᵉ
édition, par Eyriès.
> **Paris. 1815. Ledoux. 3 Vol. in-8.º**   r.v.

760. Histoire complète des naufrages, évènements et aventures de Mer.
> **Paris. 1836. Baudouin. 2 Vol. in-12.**   r.v.

7.º Voyages imaginaires.

761. Voyages d'Anténor en Grèce et en Asie, avec des notions sur l'Egypte, manuscrit trouvé à Herculanum, traduit par Lantier. 15.ᵉ édit. cart. grav.

Paris. 1821. Bertrand. 3 Vol. in-8.º　　　**cart**.

762. Aventures de Robinson Crusoé, traduites sur Foé et le matelot Selkirk par M.ᵉ Amable Tastu, suivies d'une notice par Louis Reybaud et ornée de 50 gravures sur acier, d'après Sainson.

Paris. 1837. Didier. 2 Vol. in-8.º　　　**d.r.**

763. Nouveau voyage de Robinson Crusoé, faisant suite au nouveau Robinson de M. Campe, ouvrage traduit librement de l'Allemand.

Paris. 1804. Cordier et Legros. 3 Vol. in-18.　　　**r.v.**

764. Voyage de Gulliver, traduit de l'anglais de Swift, par l'Abbe Desfontaines.

Paris. 1813. Genets. 4 vol in-18.　　　**r.v.**

II. Histoire.

1.º Histoire universelle ancienne et moderne.

765. Principes de l'histoire pour l'éducation de la jeunesse par années et par leçons, par l'abbé Langlet Dufresnoy. N.ᵉ édit.

Paris. 1752. Debure l'aîné. 6 Vol. in-8.º　　　**r.v.**

766. Discours sur l'histoire universelle, par J. B. Bossuet, évêque de Meaux.

Paris. 1811. Bertrand Portier. 2 Vol. in-8.º　　　**r.v.**

767. Précis de l'histoire universelle, ou tableau historique présentant les vicissitudes des nations, leurs agran_ dissements, leur décadence, etc., par Anquetil.

Paris. 1818. V.ᵉ Dabo. 10 Vol. in-12.　　　**r.v.**

768. Précis de l'histoire universelle des peuples anciens et modernes, depuis les temps les plus reculés jusqu'à nos jours, par le baron Alex. de Theïs.

Paris. 1829. Grimbert et Dorez. 2 Vol. in-8.º　　　**d.r.**

769. Œuvres complètes de l'abbé MILLOT, continuées par MM. MILLON, DE LISLE DE SALES, etc.
Paris. 1829. Ledoux et Tenré. 12 Vol. in-8.º   r.v.

770. Histoire des conjurations, conspirations et révolutions célèbres, tant anciennes que modernes, par DUPORT DU TERTRE, dédiée à M. le duc d'Orléans.
Paris. 1754. Duchesne. 10 Vol. in-12.   r.v.

771. Album historique des gens du monde, par M. VITON DE SAINT ALLAIS.
Paris. 1824. Michaut. 3 Vol. in-18.   r.v.

772. Ephémérides universelles ou tableau religieux, politique, littéraire, scientifique et anecdotique, présentant pour chaque jour de l'année un extrait des annales de toutes les nations, etc., mises en ordre et publiées par EDOUARD MONNAIES.
Paris. 1828 et suiv. Corby. 13 Vol. in-8.º   d.r.

773. Galerie chronologique ou mémorial historique, critique et littéraire, offrant pour chaque jour de l'année un ou plusieurs événements à date fixe, relatifs aux sciences, aux arts, aux mœurs et aux usages.
Paris. 1810. Barba. 1 Vol. in-12.   r.v.

2.º HISTOIRE ANCIENNE.

a. — ORIGINE DES NATIONS.

774. Histoire véritable des temps fabuleux, par l'abbé GUÉRIN DU ROCHER.
Paris. 1824. Gauthier frères. 5 Vol. in-8.º   d.r.

b. — HISTOIRE GÉNÉRALE DES PEUPLES ANCIENS.

775. Histoire ancienne de ROLLIN. N.e édit. accompagnée de notes par M. BOUSSON de MAISET.
Lons-le-Saulnier. 1826. Escalle. 16 Vol. in-12.   r.v.

776. Histoire des Juifs, écrite par FLAVIUS JOSEPH sous le titre d'Antiquités judaïques, traduite sur l'original grec, et revue sur divers manuscrits par ARNAULD D'ANDILLY. N.ᵉ édit.

Amsterdam. 1681. 1 Vol. in-fol. planch. r.v.

777. Résumé de l'histoire des Juifs anciens, par M. LÉON HALEVY.

Paris. 1825. Lecointe et Durey. in-18. d.r.

778. Histoire des Juifs, par le comte DE SÉGUR.

Paris. 1827. Eymery. in-18. d.r.

d. — **HISTOIRE DE LA GRÈCE.**

779. Abrégé de l'histoire ancienne, en particulier de l'histoire grecque, suivi d'un abrégé de la fable, à l'usage des élèves de l'ancienne école royale militaire.

Paris. 1829. Lecointe. 1 Vol. in-12. r.v.

780. Abrégé de l'histoire grecque et romaine, traduit du latin de VELLIUS PATERCULUS, avec le texte corrigé, des notes critiques et historiques, une table géographique, etc., par l'abbé PAUL.

Paris. 1769. Barbou. 1 Vol. in-12. r.v.

781. Eléments de l'histoire de la Grèce, pour servir de suite aux éléments de l'histoire ancienne des Juifs, des Egyptiens, d'après ROLLIN, COUSIN DESPRÉAUX, etc. 2.ᵉ édit.

Paris 1833. Belin-Leprieur. 2 Vol. in-12. fig. c.

782. Histoire de la Grèce, depuis son origine jusqu'à la mort d'Alexandre, par le docteur GOLDSMITH, traduite de l'anglais sur la 11.ᵉ édit., avec deux ta-

bles dont l'une alphabétique, analytique et raisonnée des matières et deux cartes.

Paris. 1802. Langlois-Crapelet. 2 vol. in-8.º   **d.r.**

785. Beautés de l'histoire grecque ou tableau des événements qui ont immortalisé les Grecs, par R. J.
Durdent.

Paris. 1812. Eymery. 1 vol. in-12.   **r.v.**

784. Histoire d'Alexandre-le-Grand par Quinte Curce, traduite par M. Beauzée. 3.ᵈ édit. retouchée et augmentée des supplémens de Freinshemius.

Avignon. 1785. Chambeau. 2 vol. in-12.   **r.v.**

785. Voyage du jeune Anacharsis en Grèce, par l'abbé
Barthélémy. N.ᵉ édit. ornée d'un portrait de l'auteur et de six fig. avec atlas in-4.º

Paris. 1822. Et. Ledoux. 7 vol. in-8.º   **d.r.**

e. — **Histoire romaine.**

(Auteurs anciens.)

786. Histoire romaine de Tite Live, traduction nouvelle
par Dureau de Lamalle, revue par M. Noel.

Paris. 1810 et 1824. Michaud fr. 17 vol. in-8.º   **r.v.**

787. L'histoire de la guerre des Romains contre Jugurtha
roi des Numides et l'histoire de la conjuration de
Catilina. Ouvrage de Salluste, traduit en français.

Paris. 1713. David. 1 vol. in-12.   **r.v.**

788. Les commentaires de César. N.ᵉ édit. rev. corr. et
augmentéé de notes historiques et d'une carte de
Danville.

Amsterdam et Leipzig. 1763. Arksten et Merkus. 2 vol.
                                     in-12. r.v.

789. C. Cornelii Taciti quæ exstant opera ; juxta accu-
ratissimam D. Lallemant éditionem.

Parisiis. 1779. Barbou. 1 vol. in-12.   **r.v.**

790. Tacite traduit par Dureau de Lamalle avec le texte latin en regard. 4.ᵉ édit. augmentée des suppléments de Brottier traduits par M. Noel, avec portrait et une carte de l'empire romain.
Paris. 1827. Michaut. 6 Vol. in-8.º   **r.v.**

(Auteurs modernes.)

791. Dictionnaire des antiquités romaines ou explication abregée des cérémonies, des coutumes et des antiquités sacrées et profanes, publiques et particulières, civiles et militaires, communes aux Grecs et aux Romains, traduit de Samuel Pitiscus.
Paris. 1766. Delalain. 3 Vol. in-8.º   **r.v.**

792. Voyage de Polyclète ou lettres romaines, par le baron Alex. de Théïs.
Paris. 1828. Grimbert. 2 Vol. in-8.º   **r.v.**

793. Antiquités romaines ou tableau des mœurs, usages et institutions des Romains, par Alexandre Adam, recteur à Edimbourg. 2.ᵉ édit.
Paris. 1826. Verdière. 2 Vol in-12.   **r.v.**

794. Instruction sur l'histoire romaine, depuis la fondation de Rome jusqu'à la translation du siége de l'empire à Byzance par Constantin-le-Grand, par Charles-Constant Letellier, professeur.
Paris. 1833. Leprieur. 1 Vol. in-8.º   **r.v.**

795. Beautés de l'histoire romaine, ou traits les plus remarquables de cette histoire avec des figures, par M. J. Ph. le D. L.
Paris. 1811. Blanchard. 1 Vol. in-12.   **r.v.**

796. Résumé de l'histoire romaine depuis Romulus jusqu'à Constantin, suivi d'un tableau de la décadence et de la chûte de l'empire Romain, par A. Roche.
Paris. 1826. Lecointe et Durey. 1 Vol. in-18.   **d.r.**

797. Résumé de l'histoire des Romains. (République romaine.) Par M. DE S.
Paris. 1827. Lecointe et Durey. in-18.   d.r.

798. Histoire romaine depuis la fondation de Rome jusqu'à la bataille d'Actium, c'est-à-dire jusqu'à la fin de la république, par CH. ROLLIN.
Paris. 1828. Audot. 16 Vol. in-8.º   r.v.

799. Histoire des révolutions arrivées dans le gouvernement de la république romaine, par VERTOT.
Paris. 1828. V.ᵉ Dabo. 2 Vol. in-12.   r.v.

800. Vie de Jules César, suivie du tableau de ses campagnes, avec des observations critiques, par ALPHONSE DE BEAUCHAMP.
Paris. 1823. Villet 1 Vol. in-8.º   d.r.

801. Anecdotes de l'Empire romain depuis sa fondation jusqu'à la destruction de la république.
Paris. 1778. Barbier. 1 Vol. in-12.   d.r.

802. Pollion ou le siècle d'Auguste, par M. J. P. DE BUGAY.
Paris. 1808. Garnery. 4 Vol. in-8.ᶜ   d r.

803. Résumé de l'histoire romaine. (Empire romain.) Par M. DE S.***
Paris. 1827. Lecointe et Durey.   in-18.   d.r.

804. Histoire des Empereurs romains depuis Auguste jusqu'à Constantin, par CRÉVIER, professeur.
Paris. 1775. Desaint et Saillant. 12 Vol. in-12.   r v.

805. Histoire philosophique de Marc Aurèle, avec les pensées de ce prince présentées dans un ordre nouveau et en rapport avec les actes de sa vie publique et privée, par RIPAULT.
Paris. 1808. Barba. 4 Vol. in-8.º   d.r.

806. Histoire de la décadence et de la chûte de l'empire

romain , par Gibbon , traduit de l'anglais par M. de
Cautwel de Mokarky.

Paris. 1789. Moutard. 8 vol. in-8.°   **r.v.**

807. Histoire de la décadence et de la chûte de l'Empire
romain. Traduite de l'Anglais de M. Gibbon , par
M. de Septchênes.

Paris. An IV (1795.) Maradan. 18 vol. in-8.°   **r.v.**

808. Considérations sur l'origine et les révolutions du gouvernement des Romains , par l'abbé Du Bignon.

Paris. 1778. Debure fr. 2 vol. in-12.   **r.v.**

809. Etudes et discours historiques sur la chûte de l'Empire romain , la naissance et les progrès du Christianisme et l'invasion des Barbares , suivie d'une
analyse raisonnée de l'histoire de la France , par
le vicomte de Chateaubriand.

Paris. 1834. Dentu. 4 vol. in-18.   **d.r.**

3.° Histoire du Bas-Empire.

810. Beautés de l'histoire du Bas-Empire , contenant les
traits les plus curieux et les plus intéressants depuis Constantin – le – Grand jusqu'après la prise de
Constantinople par Mahomet ii , rédig. par P. J. B. N.

Paris. 1811. Leprieur. 1 vol. in-12.   **d.r.**

811. Histoire du Bas-Empire en commençant à Constantin-
le–Grand , par Lebeau.

Paris. 1757. Saillant. 25 vol. in-12.   **r.v.**

812. Histoire du Bas–Empire par Lebeau. N.ᵉ édit. revue
entièrement , corrig. et augm. d'après les historiens
orientaux , etc., par de Saint Martin , continuée
par M. Brossa jeune.

Paris. 1836. F. Didot fr. 20 vol in-8.°   **d.r.**

813. Abrégé de l'histoire du Bas-Empire extrait de LEBEAU, à l'usage des institutions.

> Paris. 1828. **Langlois et C.**ie 2 **Vol. in-12.**   r.v.

814. Histoire de Théodose-le-Grand par M. FLÉCHIER, évêque de Nisme, pour M. le Dauphin.

> Paris. 1828. **Mequignon-Havard. 1 Vol. in-12.**   r.v.

4.º HISTOIRE MODERNE.

a. — HISTOIRE GÉNÉRALE DE L'EUROPE MODERNE.

815. Résumé de l'histoire générale, par VOLTAIRE.

> Paris. 1826. **Lecointe et Durey.**   in-18.   d.r.

816. Histoire moderne des Chinois, des Japonois, des Indiens, des Persans, des Turcs, des Russiens, etc., pour servir de suite à l'histoire ancienne de ROLLIN. (Par MM. DE MARCY et RICHER.) N.e édit. revue et corrigée.

> Paris. 1771-78. **Saillant et Nyon. 30 Vol. in-12.**   r.v.

817. Histoire moderne des Chinois, des Japonois, des Indiens, des Persans, des Arabes, des Turcs, des Grecs, des Africains, des Russiens et des Américains, pour servir de suite à l'histoire ancienne de M. ROLLIN, par M. l'abbé DE MARCY.

> Paris. 1775. **V.e Desaint. 18 Vol. in-12.**   d.r.

818. Histoire générale de l'Europe, depuis les dernières années du v.e siècle jusque vers le milieu du XVIII.e, par le comte DE LACÉPÈDE. 2.e édit.

> Paris. 1833. **Lebigre. 18 Vol. in-8.º**   d.r.

819. Précis de l'histoire moderne, par MICHELET. 6.e édit. .

> Paris. 1840. **Hachette. 1 Vol. in-8.º**   d.r.

820. Cours d'histoire moderne. (Histoire générale de la civilisation en Europe, depuis la chûte de l'Empire romain jusqu'en 1789.) Par GUIZOT.

> Paris. 1828. **Pichon et Didier. 6 Vol. in-8.º**   d.r.

821. Histoire générale de la civilisation en Europe, depuis la chûte de l'Empire romain jusqu'à la révolution française, par M. Guizot. 3.ᵉ édit.

Paris. 1840. **Didier.** 5 **vol.** in-8.º   d.r.

822. Résumé de l'histoire des Croisades, par M. Saint Maurice.

Paris. 1825. **Lecointe et Durey.** 1 **vol.** in-18.   d.r.

823. Histoire des Croisades, contenant la conquête de Bibars, la seconde expédition de Saint–Louis, la prise de Ptolémais, etc., par M. Michaud. 4.ᵉ édit.

Paris. 1825 à 1828. **Ducollet.** 6 **vol.** in-8.º   d.r.

824. Abrégé de l'histoire des Empereurs qui ont régné en Europe depuis Jules César jusqu'à Napoléon. 2.ᵉ édition, comprenant l'histoire des Empereurs romains, grecs et allemands, et augmentée des Turcs et Russes.

Paris. 1804. **Pillot.** 1 **vol.** in.12.   r.v.

825. Histoire généalogique des maisons souveraines de l'Europe, depuis leur origine jusqu'à présent, par M. V.*** (Nicolas Viton de Saint Allais.)

Paris. 1811-12. **V.ᵉ Lepetit.** 2 **vol.** in-8.º   r.v.

Cet ouvrage qui devait avoir 6 volumes est resté inachevé. Il comprend : 1.º Maison ducale d'Alsace ; 2.º Maison de Lorraine.

826. Mémoires secrets tirés des archives des Souverains de l'Europe, depuis le règne de Henri IV.

Amsterdam. 1765 et suiv.   6 **vol.** in-12.   r.v.

827. Mémoires pour servir à l'histoire des événements de la fin du XVIII.º siècle, depuis 1760 jusqu'en 1810, par l'abbé Georgel, publiés par son neveu, avec la gravure du fameux Collier. 2.ᵉ édit.

Paris. 1820. **Eymery.** 6 **vol.** in-8.º   d.r.

828. Le Congré de Vérone. — Guerres d'Espagne. — Né-

gociations. — Colonies espagnoles. Par M. DE CHA-
TEAUBRIAND.

Paris. 1838. Ladvocat. 2 Vol. in-8.ᶜ   **d.r.**

829. Mémoires ou Souvenirs et Anecdotes, par le comte
P. DE SÉGUR. 3.ᵉ édit. avec portrait de Catherine II
et fac simile.

Paris. 1828. Eymery. 3 Vol. in-8.º   **d.r.**

850. Mélanges politiques et historiques relatifs aux événements contemporains, par B. CONSTANT, DE PRADT,
GANILH et autres publicistes célèbres.

Paris. 1829. Barbier. 3 Vol. in-8.º   **d.r.**

851. Année française, ou Mémorial politique, scientifique
et littéraire, comprenant les événements politiques
dans les cinq parties du monde, les débats légis-
latifs, les procès fameux, les inventions, etc., pour
les années 1825 et 1826.

Paris. 1826. Roret. 2 Vol in-8.º   **d.r.**

b. — **HISTOIRE D'ITALIE.**

852. Beautés de l'histoire d'Italie ou abrégé des annales
italiennes avec le tableau des mœurs, des sciences,
des lettres et des arts, par GIRAUT.

Paris. 1825. Eymery. 2 Vol. in-12. fig.   **r.v.**

853. Résumé de l'histoire d'Italie. 1.ʳᵉ partie. Lombardie.

Paris. 1825. Lecointe et Durey.   in-18.   **d.r.**

854. Histoire d'Italie par le docteur HENRI LEÒ, traduite
de l'allemand par M. DOCHET.

Paris. 1838. Parent Desbares. 3 Vol. in-8.º maj.   **d.r.**

855. Histoire des républiques italiennes du moyen-âge, par
J. C. L. SISMONDE DE SISMONDI. N.ᵉ édit.

Paris. 1826. Treuttel et Wurtz. 16 Vol. in-8.º   **d.r.**

856. Résumé de l'histoire de la république de Venise, par
A. DE CARRION NISAS.

Paris. 1826. Lecointe et Durey. 1 Vol in-18.   **d.r.**

837. Résumé de l'histoire de Gènes, du Piémont et de la Sardaigne, par A. CHAMBOLLE.

Paris. 1825. Lecointe et Durey. 1 vol. in-18.   d.r.

838. Résumé de l'histoire de Naples et de Sicile, par S. P.

Paris. 1826. Lecointe et Durey. 1 vol. in-18.   d.r.

839. Histoire littéraire d'Italie par P. L. GINGUENÉ. 2.ᵉ édit. revue et corrigée sur les manuscrits de l'auteur, ornée d'un portrait et augmentée d'une notice historique par M. DAUNOU.

Paris. 1834. Michaut. 9 vol. in-8.º   d.r.

840. Histoire de la république de Venise par J. DARU. 3.ᵉ édition.

Paris. 1826. Didot père et fils. 8 vol. in-12.   d.r.

c. — HISTOIRE D'ESPAGNE ET DE PORTUGAL.

841. Beautés de l'histoire des Espagnes ou grandes époques de cette histoire, faits intéressants, usages, coutumes et mœurs, navigation, mines et commerce, guerres, religion, etc.

Paris. 1824. Eymery. 1 vol. in-12.   r.v.

842. Résumé de l'histoire d'Espagne, depuis la conquête des Romains jusqu'à la révolution de l'Ile de Léon, par ALPH. RABBE, avec une introduction par FÉLIX BODIN.

Paris. 1824. Lecointe et Durey. 1 vol. in-18.   d.r.

843. Histoire générale de l'Espagne, depuis les temps les plus reculés jusqu'au règne des rois maures, par G. B. DEPPING.

Paris. 1824. Dabo. 2 vol. in-8.º   d.r.

844. Histoire d'Espagne, depuis la découverte qui en a été faite par les Phéniciens jusqu'à la mort de Charles III, traduit de l'anglais d'ADAM, sur la 2.ᵉ édit., par P. C. BRIAND.

Paris. 1808. Collin. 4 vol. in-8.º   d.r.

845. Histoire d'Espagne et de Portugal, depuis les temps les plus reculés jusqu'à nos jours, d'après ASCHBRAC, LEMBKE, DUNHAM, DOSSI, FERRERAS, SCHEFFER, etc. par PAQUIS.

Paris. 1836. Parent Désbarres. 2 Vol. in-8.º maj.   d.r.

846. Résumé de l'histoire de Portugal, depuis les premiers temps de la monarchie jusqu'en 1823, par ALPH. RABBE, avec une introduction par A. T. CHATELAIN.

Paris. 1824. Lecointe et Durey. 1 Vol. in-18.   d.r.

847. Beautés de l'histoire de Portugal et abrégé de l'histoire de ce pays, par J. B. DURDENT. 2.e édit., augmentée du précis de la révolution de 1820 et 1821, par NOUGARET.

Paris. 1821. Eymery. 1 Vol. in-12.   r.v.

848. Beautés de l'histoire de la domination des Arabes et des Maures en Espagne et en Portugal, ou abrégé chronologique de l'histoire de ces peuples, par LACROIX DE MARLES.

Paris. 1824. Eymery. 1 Vol. in-12.   r.v.

849. Histoire secrète de l'Inquisition d'Espagne, par LÉONARD GALLOIS. 4.e édit. augmentée d'une lettre de M. GRÉGOIRE, ancien évêque de Blois à DOM RAMON JOSEPH DE ARCE, grand inquisiteur.

Paris. 1824. Peytieux. 1 Vol. in-8.º   d.r.

850. Histoire abrégé de l'Inquisition d'Espagne par LÉONARD GALLOIS. 3.e édit. précédée d'une notice sur la vie et les ouvrages de LLORENTE et augmentée d'une lettre de M. GRÉGOIRE, ancien évêque de Blois à DOM RAMON JOSEPH DE ARCE.

Paris. 1824. Chasseriau. 1 Vol. in-12.   d.r.

851. Histoire critique de l'Inquisition d'Espagne, depuis

l'époque de son établissement par Ferdinand v jusqu'au règne de Ferdinand vii, tirée de pièces ori-
ginales, par Jean Antoine de Llorente, secrétaire
de l'Inquisition.

Paris. 1818. Treuttel et Wurtz. 3 vol. in-8.º   **d.r.**

852. Histoire des Inquisitions religieuses d'Italie, d'Espagne
et de Portugal, depuis leur origine jusqu'à la
conquête de l'Espagne, par Joseph Lavallée.

Paris. 1809. Capelle. 2 vol. in-8.º   **d.r.**

853. Relation historique et galante de l'invasion de l'Espagne par les Maures, tirée des plus célèbres auteurs de l'histoire d'Espagne et ornée de figures
en taille-douce.

Paris. 1722. Pierre White. 4 vol. rel. en 2.   **r.v.**

854. Mémoires du prince de la Paix Dom Manuel Godoy,
duc de l'Alcudia etc., traduit en français d'après le
manuscrit espagnol, par J. G. d'Esmenard, lieu-
tenant-colonel d'état-major.

Paris. 1836. Ladvocat. 2 vol. in-8.º   **d.r.**

855. Anecdotes espagnoles et portugaises, depuis l'origine
de la nation jusqu'à nos jours. (Par l'abbé Bertoux.)

Paris. 1773. Vincent. 2 vol. in-12.   **d r.**

d. — HISTOIRE DE TURQUIE.

856. Beautés de l'histoire de Turquie, comprenant les faits
les plus remarquables de l'histoire musulmane depuis Mahomet, les califes ses successeurs, etc. 3.º
édit., par J. B. Durdent.

Paris. 1825. Eymery. 1 vol. in-12   **r.v.**

857. Histoire générale des Turcs, contenant l'histoire de
Chalcondyle, traduite de Blaise de Vigenaire, et
continuée jusques en l'an 1612 par Thomas Artur;
et en cette édition par le S.ᵣ de Mézerai, jusques

8.*

-en l'année 1661. De plus Histoire du Sérail par le
S.ʳ Baudier, les figures, descriptions etc., des principaux officiers par Nicolaï ; les tableaux présentant la
ruine du même empire et la traduction des annales
des Turcs par le S.ʳ de Mézerai.

> Paris. 1762. Denis Béchet. 2 Vol. in-fol.   r.v.

୫. — HISTOIRE DE GRÈCE.

858. Résumé de l'histoire des Grecs modernes, depuis l'é-
tablissement de la Grèce par les Turcs jusqu'aux
derniers événements de la révolution actuelle, par
Armand Carrel.

> Paris. 1825. Lecointe et Durey. 1 Vol. in-18.   d.r.

859. Beautés de l'histoire de la Grèce moderne ou récit
des faits mémorables des Hellènes, depuis 1770
jusqu'à ce jour, avec l'état du gouvernement, etc.
par Madame Dufresnoy.

> Paris. 1825. Eymery. 2 Vol. in-12. fig.   r.v.

860. Mémoires sur la Grèce, pour servir à l'histoire de la
guerre de l'indépendance, accompagnés de plans
topographiques par Maxime Raybaud, avec une
introduction par A. Rabbe.

> Paris. 1824-25. Tournachon. 2 Vol. in-8.°   d.r.

f. — HISTOIRE D'ANGLETERRE.

861. Londres et l'Angleterre, ouvrage élémentaire à l'usage
de la jeunesse.

> Paris. 1826. Bossange. 1 Vol. in-12.   r.v.

862. Nouvelles observations sur l'Angleterre, par un voyageur. (L'abbé Coyer.)

> Paris. 1779. V.ᵉ Duchesne. 1 Vol. in-12.   r.v.

863. Londres ou tableau civil, moral, politique, philosophique, commercial et religieux de cette capitale,

dans lequel l'on voit les mœurs, les lois, etc.,
par GROSLEY. N.ᵉ édit.

Paris. An VI. Desray. 4 Vol. in-12.   **r.v.**

864. Epoques et faits mémorables de l'histoire d'Angleterre
depuis Alfred-le-Grand jusqu'à ce jour, par R.
J. DURDENT.

Paris. 1815. Eymery. 1 Vol. in-12.   **r.v.**

865. Instruction sur l'histoire d'Angleterre depuis la fondation de la monarchie jusqu'à ce jour, par M.ᵉ
DE G., revue et corrigée par C. LETELLIER, à l'u-
sage des maisons d'éducation.

Paris. 1811. Leprieur. 1 Vol. in-12.   **r.v.**

866. Histoire de la conquête d'Angleterre par les Normands, de ses causes et de ses suites jusqu'à
nos jours en Angleterre, en Irlande, en Ecosse
et sur le Continent, par AUGUSTIN THIERRY, de
l'Institut.

Paris. 1836. J. Tessier. 4 Vol. in-8.°   **d.r.**

867. Résumé de l'histoire d'Angleterre par FÉLIX BODIN.
5.ᵉ édit.

Paris. 1827. Lecointe et Durey. 1 Vol. in-18.   **d.r.**

868. Histoire d'Angleterre depuis la première invasion des
Romains, par le docteur JOHN LINGARD, traduite
par le baron de ROUJOUX; continuée par M. DE
MARLÈS, depuis la révolution de 1688 jusqu'à 1837.
2.° édit.

Paris. 1833-38. Parent-Desbares. 22 Vol. in-8.°   **d.r.**

869. Histoire d'Angleterre depuis l'invasion de Jules César
jusqu'à l'avènement de Georges IV, par HUME, GOLD-
SMITH et W. JONES, traduction nouvelle ou revue
par M. LANGLOIS.

Paris. 1829-30. Rouzé-Bourgeois. 7 Vol. in-8.°   **d.r.**

870. Histoire d'Angleterre par OLIVIER GOLDSMITH, continuée
jusqu'en 1815 par CH. COOTE, et jusqu'à nos jours
par le traducteur M.e ALEXANDRINE ARAGON., avec
notes de MM. THIERRY, BARANTE, DE NORVINS et
THIERS.

    Paris. 1839. Houdaille. 4 Vol. in-8.º maj. planch.   **d.r.**

871. Histoire d'Angleterre, depuis la première invasion des
Romains jusqu'à la paix de 1763; avec les tables
généalogiques et politiques, par DE BERTRAND MOL-
LEVILLE, ministre d'état.

    Paris. 1815. Michaud. 6 Vol. in-8.º   **r.v.**

872. Histoire de la révolution d'Angleterre, depuis l'avènement de Charles I.er jusqu'à la restauration de
Charles II, par GUIZOT.

    Paris. 1827. Pichon. 2 Vol. in-8.º   **d.r.**

873. Collection de mémoires relatifs à la révolution d'Angleterre, publiés par GUIZOT.

    Paris. 1827. Pichon. 25 Vol. in-8.º   **d.r.**

874. Collection de Mémoires relatifs à la révolution d'An-
d'Angleterre, par HOLLIS, HAUTINGTON, FAIRFAX.

    Paris. 1823. Béchet aîné. 1 Vol. in-8.º   **d.r.**

875. Les quatre Stuart, par M. DE CHATEAUBRIAND.

    Paris. 1828. Ladvocat. 1 Vol. in-12.   **d.r.**

876. Histoire de la maison de Stuart sur le trône d'Angleterre, par DAVID HUME.

    Paris. 1822. Arth. Bertrand. 8 Vol. in-12.   **d.r.**

877. Marie Stuart, reyne d'Ecosse, nouvelle historique.

    Paris. 1675. Barba. 2 Vol. in-12 en 1.   **r.v.**

878. Histoire de Charles Edouard, dernier prince de la
Maison de Stuart, précédée d'une histoire de la
rivalité de l'Angleterre et de l'Ecosse, par AMÉDÉE
PICHOT.

    Paris. 1830. Ladvocat. 2 Vol. in-8.º   **d.r.**

879. La vie d'Olivier Cromwel, par GRÉGOIRE LETI.
Amsterdam. 1744. Desbordes. 2 vol. in-12. br. incomp.

880. Histoire anecdotique de Victoria, reine d'Angleterre,
depuis sa naissance jusqu'à son couronnement, avec
un récit circonstancié de cette imposante cérémonie,
traduit de l'anglais sur la 3.ᵉ édit., avec le texte
accentué en regard, par J. PEYROT.
Paris. 1838. L'Auteur. 1 vol, in-12. maj. portr.   d.r.

881. Histoire des révolutions d'Angleterre, depuis le commencement de la monarchie, par le P. D'ORLÉANS,
de la Compagnie de Jésus.
Paris. 1787. Compag. des Libraires. 4 vol. in-12.   r.v.

882. Histoire navale d'Angleterre, depuis la conquête des
Normands en 1066 jusqu'à la fin de l'année 1734,
tirée des historiens les plus approuvés et des manuscrits originaux, traduit de THOMAS LEDIARD.
Lyon. 1751. Duplain. 3 vol. in-4.º   r.v.

883. Résumé de l'histoire d'Ecosse, par ARMAND CARREL,
avec une introduction par AUG. THIERRY.
Paris. 1825. Lecointe et Durey. 1 vol. in-18.   d.r.

884. L'Irlande, par J. G. C. FEUILLIDE.
Paris. 1839. Dufey. 2 vol. in-8.º   d.r.

g. — HISTOIRE DE L'EMPIRE GERMANIQUE.

885. Beautés de l'histoire de l'Empire Germanique ou époques et faits mémorables de l'histoire des royaumes
d'Autriche, de Hongrie, de Bohême, de Prusse, de
Bavières, etc., depuis la chute de l'Empire romain,
par M. G.
Paris. 1817. Eymery. 2 vol. in-12.   r.v.

886. Résumé de l'histoire de l'Empire Germanique, par
ARNOLD SCHEFFER.
Paris. 1824. Lecointe et Durey .1 vol. in-18.   d.r.

887. Histoire d'Allemagne, depuis les temps les plus reculés jusqu'à nos jours, d'après les sources, avec
deux cartes ethnographiques, par J. C. PFISTER,
traduite par M. PAQUIS.
>   **Paris. 1837. Beauvais. 11 Vol. in-8.°**   d.r.

h. — **HISTOIRE DE SUISSE.**

888. Résumé de l'histoire de Suisse, par PHILARÈTE CHASLES.
>   **Paris. 1824. Lecointe et Durey. 1 Vol. in-18.**   d.r.

889. Beautés de l'histoire de la Suisse, depuis l'époque de
la Confédération jusqu'à nos jours, par le chevalier DE PROPIAC.
>   **Paris. 1825. Eymery. 1 Vol. in-12.**   r.v.

890. Histoire des Suisses ou Helvétiens, depuis les temps
les plus reculés jusqu'à nos jours, par P. H. MALLET,
ancien professeur à Upsal.
>   **Paris. 1803. Bossange. 4 Vol. in-8.°**   d.r.

i. — **HISTOIRE DE HOLLANDE.**

891. Résumé de l'histoire de Hollande, par ARNOLD SCHEFFER.
>   **Paris. 1824. Lecointe et Durey. 1 Vol. in-18.**   d.r.

892. Histoire du Stadhouderat depuis son origine jusqu'à
présent, par l'abbé RAYNAL. 5.e édit.
>   **1750.   2 Vol. rel. en 1 in-8.°**   r.v.

893. Documents historiques et reflexions sur le gouvernement de la Hollande par LOUIS BONAPARTE, ex-roi
de Hollande.
>   **Paris. 1820. Aillaud. 3 Vol. in-8.°**   d.r.

894. Mémoires sur la cour de Louis Napoléon et sur la
Hollande.
>   **Paris. 1828. Ladvocat. 1 Vol. in-8.°**   d.r.

j. — **HISTOIRE DE POLOGNE.**

895. Tableau de la Pologne ancienne et moderne, sous les

rapports géographiques , statistique , géologiques ,
par MALTE BRUN. N.ᵉ édit. refondue, augmentée et
ornée de cartes, par LÉONARD CHODZKO.
Paris. 1830. André. 2 Vol. in-8.º   **d.r.**

896. Résumé de l'histoire de Pologne, par LÉON THIESSÉ.
Paris. 1824. Lecointe et Durey. 1 Vol. in-18.   **d.r.**

897. Histoire de l'anarchie de Pologne et du démembre-
ment de cette république, suivie des anecdotes sur
la révolution de Russie en 1762, par C. L. RULHIÈRE.
Paris. 1807. Desenne. 4 Vol. in-8.º   **d.r.**

898. Histoire de Stanislas I.ᵉʳ, roi de Pologne, duc de
Lorraine et de Bar, par l'abbé PROYART.
Lyon. 1784. Bruisset. 2 Vol. in-12.   **r.v.**

899. Histoire de Stanislas I.ᵉʳ, roi de Pologne, duc de
Lorraine et de BAR, par l'abbé PROYART.
Paris. 1828. Méquignon-Havard. 1 Vol. in-12.   **c.**

k. — HISTOIRE DE PRUSSE.

900. Beautés de l'histoire de Prusse, ou précis des annales
de ce peuple et des diverses contrées qui forment
la monarchie prussienne, par P. S. B. NOUGARET.
Paris. 1821. Brunot Labbe. 1 Vol. in-12.   **r.v.**

901. Histoire politique, administrative, civile et militaire
de la Prusse, depuis la fin du règne de Frédéric-
le-Grand jusqu'au traité de Paris en 1815.
Paris. 1828. Bossange. 3 Vol. in-8.º   **d r.**

902. De la monarchie prussienne sous Frédéric-le-Grand,
avec un appendice contenant des recherches sur la
situation actuelle des principales contrées de l'Allemagne, par le comte DE MIRABEAU.
Londres. 1788.   4 Vol. in-4.º   **r.v.**

903. Mes Souvenirs de vingt ans de séjour à Berlin, ou
Frédéric-le-Grand, sa famille, sa cour, son gou-

vernement, son académie, ses écoles, etc., par DIEU-
DONNÉ THIÉBAULT. 3.ᵉ édit. revue par DAMPMARTIN.
Paris. 1813. Arth. Bertrand. 4 Vol. in-8.º portr.   **d.r.**

l. — HISTOIRE DE RUSSIE.

904. Résumé de l'histoire de Russie, depuis l'établissement
de Rourik et des Scandinaves jusqu'à nos jours,
par ALPH. RABBE.
Paris. 1825. Lecointe et Durey. in-18.   **d.r.**

905. Histoire de l'empire de Russie, de KARAMSIN, traduite
par MM. SAINT-THOMAS, JAUFFRET et DE DIVOFF.
Paris. 1826. Bossange. 11 Vol. in-8.º   **d.r.**

906. Histoire de Russie et de Pierre-le-Grand, par le
comte de SÉGUR, général.
Paris. 1829. Baudouin frères. 1 Vol. in-8.º   **d.r.**

907. Catherine II, par Madame la duchesse d'ABRANTÈS.
Paris. 1834. Dumont. 1 Vol. in-8.º   **d.r.**

908. Mémoires historiques sur l'empereur Alexandre et la
cour de Russie, par Madame la comtesse de CHOI-
SEUL GOUFFIER.
Paris. 1829. Leroux. 1 Vol. in-8.º   **d.r.**

m. — HISTOIRE DE SUÈDE.

909. Résumé de l'histoire de Suède, précédé de la dé-
fense des résumés historiques.
Paris. 1824. Lecointe et Durey. 1 Vol. in-18.   **d.r.**

910. Histoire de Suède sous le règne de Charles XII, où
l'on voit aussi les révolutions arrivées en différents
temps dans ce royaume, et toute la guerre du Nord,
par DE LIMIERS, doct. en droit. Fig.
Amsterdam. 1721. Sansons. 6 Vol. in-12.   **r.v.**

911. Histoire de Suède, par ERIK-GUSTAVE GEYER, traduite par J. F. de LUNDBLAD, ancien conseiller de
légation de Suède.
Paris. 1839. Parent-Desbarres. 1 Vol. in-8.º maj.   **d.r.**

912. Histoire des révolutions de Suède et de Portugal, par l'abbé de Vertot.

     Paris. 1812. Hérhan. 1 vol, in-12.   r.v.

913. Mémoires de Christine, reine de Suède.

     Paris. 1830. Dehay. 2 vol. in-8.°   d.r.

n. — **HISTOIRE DE DANEMARCK.**

914. Résumé de l'histoire du Danemarck par P. Lamy. 2.° éd.

     Paris. 1825. Lecointe et Durey. 1 vol. in-18.   d.r.

o. — **HISTOIRE DE FRANCE.**

1.° Mœurs, Usages, Monuments.

915. Antiquités nationales ou recueil de monuments pour servir à l'histoire générale et particulière de l'empire français, par Aubin-Louis Millin.

     Paris. 1790. An VII, Drochin. 5 vol. in-4.° planch.   d.r.

916. France historique et monumentale. Histoire générale de France depuis les temps les plus reculés jusqu'à nos jours, illustrée et expliquée par les monuments de toutes les époques , par A. Hugo.

     Paris. 1836. Delloye. 4 vol. in-8.° maj. planch.   d.r.

917. Tristan le voyageur ou la France au XIV siècle, par de Marchangy. 2.° édit.

     Paris. 1826. Urb. Canel. 6 vol. in-8.°   d.r.

918. Les Antenors modernes ou voyages de Christine et de Casimir en France , pendant le règne de Louis XIV.

     Paris. 1806. Buisson. 3 vol. in-8.°   d.r.

919. Les Français peints par eux-mêmes.

     Paris. 1840. et suiv. Curmer. 7 vol. in-8.° maj.   d.r.

2.° Histoire générale de France.

920. Fastes de la nation française, ouvrage présenté au roi par Ternisien d'Haudricourt.

     Paris. 1803-5. Decrouan. 3 vol. in-4.°   m.d.t.

921. Tableaux synoptiques de l'histoire de France, depuis l'invasion des Francs dans les Gaules jusqu'en 1834.

1 **Vol. in-fol.** d.r.

922. Tableau de l'histoire de France depuis le commencement de la monarchie jusqu'à la fin du règne de Louis xiv inclusivement.

Paris. 1766. Lottin le jeune. 2 Vol. in-12. r.v.

923. Beautés de l'histoire de France ou époques intéressantes, traits remarquables, belles actions, origines, usages, etc. par P. BLANCHART. 2.ᵉ édit.

Paris. 1810. Blanchard. 1 Vol. in-12. r.v.

924. Même ouvrage, 4.ᵉ édit. 1812.

925. Abrégé chronologique de l'histoire de France, par DE MEZERAY, historiographe de France.

Amsterdam. 1673. Ab. Wolfang. 9 Vol. in-12. d.r.

926. Histoire de France composée par LE DAUPHIN, fils de Louis xiv, d'après les leçons DE BOSSUET et revue par lui.

Versailles. 1821. Lebel. 3 Vol. in-8.º d r.

927. Abrégé chronologique de l'histoire de France depuis Clovis jusqu'à Louis xiv, par le président HENAULT. Nouv. édition continuée jusqu'en 1821 par C. A. WALCKENAER de l'institut.

Paris. 1821-22. A. Costes. 6 Vol. in-8.º d.r.

928. Histoire de France depuis les Gaulois jusqu'à la mort de Louis xvi, par ANQUETIL, de l'Institut. 5.ᵉ édit.

Paris. 1825. Ledentu. 12 Vol. in-12. d.r.

929. Histoire de France depuis la mort de Louis xvi jusqu'au 1.ᵉʳ août 1821, pour servir de suite à l'histoire de France d'Anquetil, par H. LEMAIRE.

Paris. 1821. Ledentu. 3 Vol. in-12. r.v.

930. Histoire de France d'ANQUETIL, continuée depuis la

révolution de 1789 jusqu'à celle de 1830, par LÉONARD GALLOIS, avec gravures et portraits.

Paris. 183 . Everat. 2 vol. in-8.º maj.   r.v.

931. Résumé de l'histoire de France jusqu'à nos jours, suivie de principes et moralités politiques applicables à l'histoire, par FÉLIX BODIN. 6.ᵉ édit.

Paris. 1824. Lecointe et Durey. 1 vol. in-18.   d.r.

932. Histoire des français, par J. C. L. SISMONDE DE SIS-MONDI.

Paris. 1821 et suiv. Treuttel et Wurtz. 21 V. in-8.º inc. d.r.

933. Cours d'histoire de France, lectures tirées des chroniques et des mémoires, avec un précis de l'histoire de France depuis les Gaulois jusqu'à nos jours, par Madame AMABLE TASTU.

Paris. 1836-37. Lavigne. 2 vol. in-8.º   d.r.

934. Chroniques de France par Madame AMABLE TASTU.

Paris. 1829. Delangle frères. 1 vol. in-8.º   r.v.

935. Histoire de France depuis l'établissement des Francs dans les Gaules jusqu'en 1830, par THÉODOSE BU-RETTE; enrichie de 500 dessins par JULES DAVID, gravés par CHÉVIN.

Paris. 1840. Benoît. 2 vol. in-8.º maj.   d.r.

936. Histoire anecdote de la monarchie française; ouvrage d'une forme nouvelle; chaque règne présentant, sous ces trois divisions, *principaux évènements, remarques, anecdotes*, ce que l'histoire de la France a de plus intéressant, (par MOUSTALON et CH. DE MÉRY.)

Paris. 1830. Boulland. 6 vol. in-12.   cart.

937. Anecdotes françaises depuis l'établissement de la monarchie jusqu'au règne de Louis xv. (par l'abbé BERTOUX.)

Paris. 1768. Vincent. 1 vol. in-12.   d.r.

938. La Gaule poétique ou l'histoire de France considérée dans ses rapports avec la poésie, l'éloquence
et les beaux-arts, par DE MARCHANGY. 2.ᵉ édit.
Paris. 1817. Chaumont. 8 Vol. in-8.º d.r.

3.ª Histoire particulière de France.

939. Histoire des Gaulois depuis les temps les plus reculés jusqu'à l'entière soumission de la Gaule à la
monarchie romaine, par AMÉDÉE THIERRY.
Paris. 1828. Santelet. 3 Vol. in-8.º d.r.

940. Même ouvrage. 2.ᵉ édit.
Paris. 1835. Hachette. 3 Vol. in-8.º d.r.

941. Histoire des Francs, par le comte de PEYRONNET.
Paris. 1835. Allardin. 2 Vol. in-8.º d.r.

942. Récits des temps Mérovingiens, précédés de considé-
rations sur l'histoire de France, par AUGUSTIN
THIERRY.
Paris. 1840. Tessier. 2 Vol. in-8.º d.r.

943. Histoire de Charlemagne par GAILLARD, suivie de
l'histoire de Marie de Bourgogne.
Paris. 1819. Blaise. 2 Vol. in-8.º d.r.

944. Histoire de la Gaule méridionale sous la domination
des conquérants Germains, par FAURIEL.
Paris. 1836. Paulin. 4 Vol. in-8.º d.r.

945. Anecdotes de la cour de Philippe Auguste, par Ma-
demoiselle de LUSSAN.
Paris. 1820. Lebègue. 6 Vol. in-12. d.r.

946. Histoire de St.-Loys, roi de France; par JEHAN SIRE
DE JOINVILLE, revue sur tous les manuscrits et les
imprimés, par M. FR. MICHEL.
Paris. 1830. Méquignon Havard. 1 Vol. in-18. r.v.

947. Mémoires historiques sur les Templiers, ou éclaircissements nouveaux sur leur histoire, leur procès,

les accusations intentées contre eux, etc. par PH. GROUVELLE.

Paris. 1805. Buisson. 1 vol. in-8.º   d.r.

948. Chronique de Du Guesclin, collationnée sur l'édition originale du XV.ᵉ siècle, et sur tous les manuscrits, avec une notice bibliographique et des notes par M. FR. MICHEL.

Paris. 1830. Méquignon-Havrd. 1 vol. in-18.   r.v.

949. Histoire de la rivalité de la France et de l'Angleterre (avec la suite) par GAILLARD.

Paris. 1818. Blaise. 6 vol. in-8.º   d.r.

950. Traités concernant l'histoire de France : savoir la condamnation des Templiers, avec quelques actes; l'histoire du Schisme, les papes tenant le siége à Avignon et quelques procès criminels, par DUPUY, garde de la bibliothèque du Roi.

Paris. 1654. Mat. Dupuis. 1 vol. 4.º   r.v.

951. Histoire de François 1ᵉʳ, roi de France, dit le Grand et le père des lettres, par GAILLARD, N.ᵉ édit. avec portr.

Paris. 1819. Foucault. 5 vol. in-8.º   d.r.

952. Histoire de France pendant les guerres de religion, par M. CH. LACRETELLE.

Paris. 1814-16. Delaunay. 4 vol. in-8.º.   d.r.

953. Résumé de l'histoire des guerres de religion en France, par SAINT-MAURICE.

Paris. 1825. Lecointe et Durey. 1 vol. in-18.   d.r.

954. Satyre Menippée de la vertu du Catholicon d'Espagne et de la tenue des estats de Paris, augmentée de notes tirées des éditions de Dupuy, et de le Duchat par V. VERGER, et d'un commentaire historique et littéraire, par CH. NODIER.

Paris. 1824. Delangle. 2 vol. in-8.º   d.r.

955. L'esprit de la ligue ou histoire politique des troubles

de France pendant les xvi.ᵉ et xvii.ᵉ siècles, par
ANQUETIL, N.ᵉ édit.

> Paris. 1818. Janet et Cotelle. 2 vol. in-8.º   d.r.

956. Mémoires du duc de SULLY, N.ᵉ édit.

> Paris. 1827. Ledoux. 6 vol. in-8.º   d.r.

957. Histoire de la vie de Louis xiii, roi de France et
de Navarre, par DE BURY.

> Paris. 1768. Saillant. 4 vol. in-12.   r.v.

958. L'intrigue du cabinet sous Henri iv et Louis xiii,
terminée par la Fronde, par ANQUETIL.

> Maestricht. 1782. Dufour. 4 vol. in-12.   r.v.

959. Mémoires, anecdotes pour servir à l'histoire des règnes
de Henri iv et Louis xiii, ou galerie des personnages illustres ou célèbres de la cour de France
sous ces deux règnes.

> Lyon. 1806. Bruysset aîné. 4 vol. in-12.   d.r.

960. Histoire du ministère du cardinal duc de Richelieu,
(par CH. VIALART, évêque d'Avranches.)

> Paris. 1650. Alliot. 1 vol. in.fol.   r.v.

961. Histoire de la monarchie française sous le règne de
Louis-le-Grand, contenant ce qui s'est passé de
plus remarquable depuis 1650 jusqu'en 1671, par
M. DE RIENCOURT. 3.ᵉ édit.

> Paris. 1692. Du Castin. 2 vol. in-12.   r.v.

962. Histoire des deux Bourgognes sous le règne de Louis
xiii et de Louis xiv, contenant la description de ces
deux provinces, par BEGUILLET.

> Dijon. 1784. Bidault. 2 vol. in-12.   r.v

963. Le siècle politique de Louis xiv ou lettres du vicomte
de BOLINGBROKE sur ce sujet avec les pièces qui
forment l'histoire du siècle de Louis xiv de M. de
Voltaire et de ses querelles avec MM. de Maupertuis

et de la Beaumelle. (Le tout publié par Maubert
de Gouvest.

Sieclopolis. 1753.   1 Vol. in-12.   r.v.

964. Mémoires anecdotes pour servir à l'histoire des règnes
de Louis xiv et de Louis xv ou galerie des personnages illustres ou célèbres de la cour de France
sous ces deux règnes.

Lyon 1806. Bruysset ainé. 4 Vol. in-12.   d.r.

965. Mémoires complets et authentiques du duc de Saint-
Simon (de 1692 à 1723) sur le siècle de Louis
xiv et la régence, publiés pour la première fois
sur le manuscrit original, entièrement revus par le
Marquis de Saint-Simon, pair de France.

Paris. 1829. Santelet. 20 Vol. in-8.º   d.r.

966. Mémoires et journal du Marquis de Dangeau, publiés pour la première fois sur les manuscrits originaux, avec les notes du duc de Saint-Simon.

Paris. 1830. Mame et Delaunay. 4 Vol. in-8.º   d.r.

967. Siècle de Louis xiv et précis du siècle de Louis xv,
édition stéréotype , augmentée d'une table des
matières.

Paris. 1817. Egron. 3 Vol. in-12.   r.v.

968. Mémoires de Madame de Lavallière.

Paris. 1829. Mame et Delaunay. 2 Vol. in-8.º   d.r.

969. Histoire de France pendant le xviii.ᵉ siècle, par Ch.
Lacretelle.

Paris. 1808 à 26. Buisson. Treuttel et Wurtz. 14 Vol.
in-8.º   d.r.

970. Vie de Philippe d'Orléans, petit-fils de France, ré-
gent du royaume pendant la minorité de Louis xv,
par L. M. D. M. (de La Mothe plus connu sous
le nom de La Hode.)

Londres. (Amsterdam.) 1735. 2 Vol. in-12.   r.v.

9.

971. Mémoires secrets et correspondance inédite du cardinal Dubois, premier ministre sous la régence du
duc d'Orléans, recueillis et mis en ordre par M.
L. de Sevelinges.

Paris. 1815. Pillet. 2 Vol. in-8.º   d.r.

972. Mémoires du cardinal Dubois.

Paris. 1829. Mame. 4 Vol. in-8.º   d r.

973. Mémoires du maréchal duc de Richelieu, pour servir
à l'histoire des cours de Louis xiv, de la minorité
et du règne de Louis xv, ouvrage composé dans
la bibliothèque et sur les papiers du maréchal (Par
Soulavie l'aîné, l'abbé Giraud.) 2.ᵉ édit.

Paris. 1793. Bouisson. 9 Vol. in-8.º   c.

974. Mémoires historiques et anecdotiques du duc de Richelieu.

Paris. 1829. Mame et Delaunay. 6 Vol. in-8.º   d.r.

975. Souvenirs d'un homme de cour ou mémoires d'un ancien page (M. de la Gorse), contenant des anecdotes secrètes sur Louis xv et ses ministres, suivis
de notes historiques, critiques et littéraires écrites
en 1788, par ***.

Paris. 1805. Dentu. 2 Vol. in-8.º   d r.

976. Louis xv et Louis xvi, par Antoine-Fantin Désodoards.

Paris. An VI. Bouisson. 5 Vol. in-8.º   d.r.

977. Histoire de la détention des philosophes et des gens
de lettres à la Bastille et à Vincennes, précédée
de celle de Foucquet, de Pellisson et de Lauzun,
par J. Delort.

Paris. 1829. F. Didot. 3 Vol. in-8.º   d.r.

978. Histoire impartiale du procès de Louis xvi, ci-devant roi des Français, ou Recueil complet et au-
thentique de tous les rapports faits à la Convention

concernant le procès du ci-devant roi, par L. F. JAUFFRET, homme de loi.

Paris. 1792-93. Perlet. 8 vol. in-8.°   **d r.**

979. Le point du jour ou résultat de ce qui s'est passé la veille à l'assemblée nationale. (Journal rédigé par M. B. BARRÈRE.)

Collection incomplète commençant au 10 janvier 1790 et finissant le 1.ᵉʳ avril 1791. (N.° 181 à 629.)

Paris.   15 vol. in-8.°   **d.r.**

980. Esquisses historiques des principaux événements de la révolution française, depuis la convocation des Etats généraux jusqu'au rétablissement de la maison de Bourbon, par DULAURE.

Paris. 1825. Baudouin frères. 6 vol. in-8.° grav.   **d.r.**

981. Essai historique et critique sur la révolution française, ses causes, ses résultats, avec les portraits des hommes les plus célèbres, par P. P. (PAGANEL), ex-législateur. 2.ᵉ édit. aug. du règne de Napoléon.

Paris. 1815. Panckoucke. 3 vol. in-8.°   **d.r.**

982. Considérations sur les principaux événements de la révolution française, ouvrage posthume de M.ᵉ la baronne DE STAEL. 3.ᵉ édit.

Paris. 1820. Delaunay. 3 vol. in-12.   **r.v.**

983. Histoire philosophique de la révolution de France, depuis la première assemblée des notables en 1787 jusqu'à l'abdication de Bonaparte, par A. F. DE-SODOARD. 6.ᵉ édit.

Paris. 1817. Barba. 6 vol. in-8.°   **d.r.**

984. Histoire de la révolution de France depuis l'ouverture des Etats généraux (mai 1789) jusqu'au 28 brumaire (novembre 1799), ouvrage posthume de l'abbé PAPON. Publié par M. PAPON jeune.

Paris. 1815. Poulet. 6 vol. in-8.°   **d.r.**

9.*

985. Histoire de l'assemblée constituante, par Ch. Lacretelle.

Paris. 1821. Treuttel et Wurtz. 2 vol. in-8.º   d.r.

986. Résumé de l'histoire de la révolution française, par M. Léon Thiessé.

Paris. 1826. Lecointe et Durey. 1 vol. in-18.   d.r.

987. Histoire de la révolution française d'après les Mémoires du temps et les historiens modernes les plus estimés, par Charrelois, fils adoptif d'un conventionnel.

Paris. 1836. Lebigre. 1 vol. in-12.   r.v.

988. Collection de Mémoires relatifs à la révolution française, par Berville et Barrière.

Bailly, 2 — Louvet, 1 — de Hausset, 1 — Guillon, 2 — Fréron, 1 — Relation du départ de Louis xvi, 1 — Dumouriez, 4 — Thibeaudeau, 2 — Rovigo, 1 — Barbaroux, 1 — de Bésenval, 2 — Bouillé, 2 — M.is de Ferrières, 3 — M.e de Sapineau et guerre de Vendée, 1 — La Rochejacquelin, 1 — Rivarol. Journées de septembre 1792. Délibérations de la commune de Paris, 1 — Durand de Maillane et Lanjuinais, 1 — Mémoires sur les prisons, 2 — Doppet, 1 — Mémoires sur Carnot, 1 — Guerre des Vendéens et des Chouans, 2 — Mémoires de l'abbé Morellet, 2 — Mémoires de Linguet sur la Bastille, 1 — Mémoires de J. P. d'Orléans, duc de Montpensier, 1 — Journal de Cléry, 1.

Paris. 1834 et suiv. Baudouin frères. 36 vol. in-8.º   d.r.

989. Mémoires de Madame Roland écrits par elle-même, suivis d'éclaircissements historiques par MM. Berville et Barrière. 3.e édit.

Paris. 1835. Bourdaille. 2 vol. in-8.º   d.r.

990. Mémoires de Grégoire, ancien évêque de Blois, précédés d'une notice historique par Carnot.

Paris. 1820. Yonet. 2 vol. in-8.º   d.r.

991. Les Martyrs de la Foi pendant la révolution française ou le martyrologe des pontifes, prêtres, religieux,

religieuses, laïcs de l'un et l'autre sexe, par l'abbé
Aimé Guillon.

Paris. 1821. Mathiot. 4 vol. in-8.º   **r.v.**

992. Quelques Notices pour l'histoire et le récit de Mes
Périls depuis le 31 mai 1793. (Par Louvet de
Couvray.) 3.ᵉ édit.

Paris. An III. Louvet.   in-24.   r.v.d.

993. Relation du siége et du bombardement de Valenciennes
en mai, juin et juillet 1793, par A. Texier de la
Pommeraye, dédiée à l'armée française.

Donai. 1839. Adam. 1 vol. in-8.º   d.r.

994. Histoire du procès des naufragés de Calais, extraite
des Mémoires contemporains du duc de Choiseul,
pour servir à l'histoire de France et principalement
de la république.

Paris. 1834. Bossange fr. 1 vol. in-8.º   d.r.

995. Mémoires d'un prêtre régicide.

Paris. 1829. Ch. Mary. 2 vol. in-8.º   d.r.

996. Souvenirs d'un sexagénaire, par A. V. Arnault de
l'Acad. franç. (1789-99.)

Paris. 1833. Dufay. 4 vol. in-8.º   d.r.

997. Mémoires inédits de M.ᵉ la comtesse de Genlis sur
le XVIII.ᵉ siècle et la révolution française, depuis
1756 jusqu'à nos jours. 2.ᵉ édit.

Paris. 1825. Ladvocat. 8 vol. in-8.º   d.r.

998. Guerres des Vendéens et des Chouans contre la république française, ou annales des départements
de l'Ouest pendant ces guerres, par un officier su-
périeur des armées de la république.

Paris. 1824. Baudouin. fr. 6 vol. in-8.º   d.r.

999. Résumé de l'histoire des guerres de la Vendée, par
M. Darmaing.

Paris. 1826. Lecointe et Durey. 1 vol. in-18.   d.r.

1000. Histoire de France, depuis la fin du règne de Louis xvɪ jusqu'à l'année 1825, précédée d'un discours préliminaire et d'une introduction, etc., par l'abbé DE MONTGAILLARD.

Paris. 1828. Moutardier. 15 Vol. in-12. port.   d.r.

1001. Histoire de France, depuis le 18 brumaire (novem. 1799) jusqu'à la paix de Tilsitt (juillet 1807), par BIGNON.

Paris. 1830. V.ᵉ Béchet. 6 Vol. in-8.°   r.v.

1002. Le Consulat et l'Empire ou histoire de la France et de Napoléon Bonaparte de 1799 à 1815, par A. C. THIBAUDEAU.

Paris. 1835. Renouard. 10 Vol. in-8.°   d.r.

1003. Histoire de Napoléon, par M. DE NORVINS. 3.ᵉ édit. port. vign. cart. et plans.

Paris. 1829. Thoisnier. 4 Vol· in-8.°   d.r.

1004. Histoire de l'Empereur racontée dans une grange par un vieux soldat et recueillie par M. DE BALZAC. Vign. par LORENTZ, grav. par BREBIÈRE et NOVION.

Paris. 1842. Dubochet.   in-18.   cart.

1005. Résumé de l'histoire de Napoléon et des armées qui ont été sous son commandement, par M. DOURILLE.

Paris. 1825. Robert.   in-18.   d.r.

1006. Histoire de Napoléon et de la grande armée pendant l'année 1812, par M. le général comte DE SÉGUR.

Paris. 1826. Baudouin fr. 2 Vol. in-8.° atl.   d.r

1007. Résumé de l'histoire de Napoléon et de la grande armée, par HORACE RAISSON.

Paris. 1805. Lecointe et Durey. 10 Vol. rel. en 5.   d.r.

1008. Mémoires du maréchal SUCHET, duc d'Albufera, sur ses campagnes en Espagne depuis 1808 jusqu'en 1814, écrits par lui-même.

Paris. 1828. Bossange. 2 Vol. in-8.°   d.r.

1009. Mémoires de M. DE BOURIENNE, ministre d'Etat, sur Napoléon, le Directoire, le Consulat, l'Empire. (Augmentés et continués par l'éditeur.)
Paris. 1830. Ladvocat. 10 vol. in-8.°   d.r.

1010. Bourrienne et ses erreurs volontaires et involontaires ou observations sur ses Mémoires par les généraux BELLIARD, GOURGAUD, comte D'AUREZ, DE SURVILLERS, BONACOBBI, baron MÉNEVAL et autres.
Paris. 1838. Heideloff. 2 vol. in-8.°   d.r.

1011. Mémoires du général HUGO, précédés de ceux du général AUBERTIN.
Paris. 1823. Ladvocat. 3 vol. in-8.ᵘ   d.r.

1012. Mémoires du maréchal BERTHIER, prince de Neufchâtel et de Wagram. (Campagnes d'Egypte.)
Paris. 1827. Baudouin fr.   in-8.°   d.r.

1013. Mémoires du général REYNIER. (Campagnes d'Egypte.)
Paris. 1827. Baudouin fr.   in-8.°   d.r.

1014. Mémorial de Sainte-Hélène, ou journal où se trouve consigné, jour par jour, ce qu'a dit et fait Napoléon durant dix-huit mois, par le comte de LAS CASES.
Paris. 1823-24. Bossange. 8 vol. in-8.°   d.r.

1015. Mémoires pour servir à l'histoire de France sous Napoléon, écrits à Sainte-Hélène par les généraux qui ont partagé sa captivité, et publiés sur les manuscrits entièrement corrigés de la main de Napoléon.
(Mémoires du comte de Montholon, 6 vol. — du général Gourgaud, 2 vol.)
Paris. 1823. F. Didot. 8 vol. in-8.₀   d.r.

1016. Mémoires de CONSTANT, premier valet-de-chambre de l'Empereur, sur la vie privée de Napoléon, sa famille et sa cour,
Paris. 1830. Ladvocat. 6 vol. in-8.ⁿ   d.r.

1017. Amours secrètes de Napoléon Bonaparte. 7.ᵉ édit. augmentée d'une notice sur les six derniers mois de
sa vie à Sainte-Hélène, par le baron de B.

    Paris. 1836. **Mathiot.** 4 vol. in-12.   **d r.**

1018. Mémoires sur les Cent-Jours, en forme de lettres,
avec des notes et documents inédits, par BENJAMIN
CONSTANT. N.ᵉ édit.

    Paris. 1829. **Pichon et Didier.** 1 vol. in-8.º   **r.v.**

1019. Histoire des campagnes de 1814 et de 1815 comprenant l'histoire politique et militaire des deux
invasions de la France et de l'entreprise de Bonaparte, par ALPH. DE BEAUCHAMP.

    Paris. 1816. **Lenormant.** 4 vol. in-8.º   **d.r.**

1020. Mémoires du vicomte de LA ROCHEFOUCAULD. (1814
à 1816.)

    Paris. 1837. **Allardin.** 5 vol. in-8.º   **d.r.**

1021. La police dévoilée depuis la restauration et notam-
ment sous MM. Franchet et Delavau, et sous Vi-
docq, chef de la police de sûreté, par FROMENT,
ex-chef de brigade de police. 2.ᵉ édit.

    Paris, 1830. **C.ᵗ Chantpie.** 3 vol. in-8.º   **r.v.**

1022. Mémoires de Madame la duchesse d'ABRANTÈS ou Souvenirs historiques sur Napoléon, la révolution, le
directoire, le consulat, l'empire, la restauration.

    Paris. 1831-35. **Ladvocat.** 18 vol. in-8.º   **d.r.**

1023. Mémoires d'une contemporaine, ou souvenirs d'une
femme sur les principaux personnages de la république, du consulat, de l'empire. 4.ᵉ édit.

    Paris, 1829. **Ladvocat.** 8 vol. in-8.º   **d.r.**

1024. Histoire de Sa Majesté Louis XVIII, surnommé le Désiré,
depuis sa naissance jusqu'au traité de paix de 1815,
par A. ANTOINE.

    Paris. 1816. **Blanchart.** 1 vol. in-8.º   **d.r.**

1025. Mémoires sur le duc de Berry, par M. le vicomte DE CHATEAUBRIAND.

> **Paris.** 1828. **Ladvocat.** 1 vol. in-12.   **d.r.**

1026. Seize ans sous les Bourbons. (1814 à 1830.) Par ED. MENNECHET.

> **Paris.** 1833. **Urbain Canel.** 2 vol. in-8.º   **d.r.**

1027. La France en 1829 et 1830, par Lady MORGAN, traduit par M.lle A. SOBRY.

> **Paris.** 1830. **Fournier.** 2 vol. in-8.º   **cart.**

1028. Mémoires sur la restauration, ou souvenirs historiques de cette époque, la révolution de juillet et les premières années du règne de Louis-Philippe, par Madame la duchesse d'ABRANTÈS.

> **Paris.** 1835-36. **Henry.** 6 vol. in-8.º   **d.r.**

1029. Histoire des Salons de Paris, tableaux et portraits du grand monde sous Louis XVI, le directoire, le consulat et l'empire, la sestauration et le règne de Louis-Philippe, par Madame la duchesse d'ABRANTÈS. 3.ᵉ édit.

> **Paris.** 1837-38. **Ladvocat.** 6 vol. in-8.º   **d.r.**

1030. Explication du maréchal CLAUSEL.

> **Paris.** 1837. **Dupont.** 1 vol. in-8.º   **d.r.**

1031. Lettres sur la liste civile et sur l'apanage, suivies d'un mot sur le pamphlet de police intitulé : *La Liste civile dévoilée,* par M. DE CORMENIN. 17.ᵉ édit.

> **Paris.** 1837. **Pagnerre.**   in-18.   **d.r.**

1032. L'exilée d'Holy-Rood.

> **Paris.** 1831. **Delaunay.** 1 vol. in-8.º   **d.r.**

> 4.º Histoire des Reines et Régentes de France.

1033. Mémoires historiques, critiques et anecdotes des reines et régentes de France. (Par DREUX DU RADIER.) N.º édit.

> **Amsterdam.** 1776. **Rey.** 6 vol. in-12.   **r.v.**

1034. Mémoires historiques et anecdotes sur les reines et régentes de France, avec la continuation jusqu'à nos jours, par DREUX DU RADIER.

Paris. 1827. P. Renouard. 6 vol. in-8.º   cart.

5.º Histoires des Villes et des Provinces.

1035. Dictionnaire historique de Paris contenant la description circonstanciée de ses places, rues, quais, promenades et édifices publics, par A. BÉRAUD et P. DUFEY.

Paris. 1825. Mignon. 2 vol. in-8.º   d.r.

1036. Tableau historique et pittoresque de Paris, depuis les Gaulois jusqu'à nos jours, dédié au roi par S. B. de SAINT-VICTOR. 2.ª édit.

Paris. 1822. Gosselin. 6 vol. in-8.º et atlas in-4.º   r.v.

1037. Histoire civile, physique et morale de Paris, par J. A. DULAURE. 3.ª édit. Grav.

Paris. 1825. Baudouin. fr. 10 vol. in-12. et atlas.   d.r.

1038. Résumé de l'histoire civile, physique et morale de Paris, par M. LUCAS.

Paris. 1825. Lecointe et Durey. in-18.   d.r.

1039. Nouveau tableau de Paris au XIX.ª siècle.

Paris. 1834. M ͨ Béchet. 6 vol. in-8.º   d.r.

1040. Beautés historiques, chronologiques, politiques et critiques de la ville de Paris, depuis le commencement de la monarchie jusqu'en 1821, par le chevalier de PROPIAC.

Paris. 1822. Eymery. 2 vol. in-12. fig.   r.v.

1041. Paris pittoresque par G. SARRUT et B. SAINT-EDME.

Paris. 1837. Durtobie. 2 vol. in-8.º maj. grav.   d.r.

1042. Paris révolutionnaire (par LOUIS DESNOYERS.)

Paris. 1838. Pagnerre. 4 vól. in-8.º   d.r.

1043. Mémorial parisien ou Paris tel qu'il fut et tel qu'il est, par L. J. S. DUFEY de l'Yonne.

Paris. 1824. Dalibon. 1 vol. in-12.   **d.r.**

1044. Plan de Paris en 1834.

Paris.   **. collé sur toile, dans un étui.**

1045. Le nouveau conducteur de l'étranger dans Paris en 1822, par F. M. MARCHANT. 10.ᵉ édit.

Paris. 1822. Moronval. 1 vol. in-18. pl.   **d.r.**

1046. Tableau de Paris ou indicateur général des monuments, curiosités, théâtres, fêtes champêtres, voitures, omnibus, mairies, rues, places, avec grav. et plans.

Paris. 1834. Carpentier.   **in-24.**   **c.**

1047. Histoire physique, civile et morale des environs de Paris, depuis les premiers temps historiques jusqu'à nos jours, par J. A. DULAURE.

Paris. 1829. Levavasseur. 7 vol. in-8.º   **d.r.**

1048. Manuel du voyageur aux environs de Paris, par de PATY.

Paris. 1826. Roret. 1 vol. in-18.   **d.r.**

1049. Nouvelle description des châteaux de Paris, de Versailles et de Marly, contenant une explication historique de toutes les peintures, tableaux, statues, etc., par PIGANIOL DE LA FORCE. 5.ᵉ édit.

Paris. 1724. V.ᵉ Delanlue. 2 vol. in-12.   **r.v.**

1050. Résumé de l'histoire de Picardie (Somme, Aisne, Oise et partie du Pas-de-Calais), par P. LAMI.

Paris. 1825. Lecointe et Durey.   **in-18.**   **d.r.**

1051. Essai sur l'histoire générale de Picardie, les mœurs, les usages, le commerce et l'esprit de ses habitants, jusqu'au règne de Louis xiv, (par DEVÉRITÉ.)

Abbeville. 1770. Devérité. 2 vol. in-12.   **d.r.**

1052. Lettres sur le département de la Somme, par H. DUSEVEL.

    Amiens. 1827. R. Machart. 1 vol. in-12.   **d.r.**

1053. Le premier livre des antiquités, histoires et choses plus remarquables de la ville d'Amiens, poétiquement traité par ADRIEN DE LAMORLIÈRE, chanoine d'Amiens.

    Paris. 1627. D. Moreau. 1 vol. in-4.º   **d.r.**

1054. Histoire de la ville d'Amiens, depuis son origine jusqu'à présent. Ouvrage enrichi de cartes, de plans et de différentes gravures, par le R. P. DAIRE.

    Paris. 1757. De la Guette. 2 vol. in-4.º   **r.v.**

1055. Histoire littéraire de la ville d'Amiens, à laquelle on a joint, dans l'ordre chronologique, les hommes célèbres dans les arts et les personnes qui se sont distinguées par la pratique constante des plus hautes vertus, par l'abbé DAIRE.

    Paris. 1782. Durand. 1 vol. in-4.º   **d.r.**

1056. Histoire de la ville d'Amiens, depuis les Gaulois jusqu'en 1820, par H. DUSEVEL, ornée de 12 lithographies.

    Amiens 1832. R. Machart. 2 vol. in-8.º   **d.r.**

1057. Notice sur la ville d'Amiens, ou description sommaire des rues, places, édifices et monuments les plus remarquables de cette ville, par MM. H. D. (DUSEVEL) et R. M. (RAOUL MACHART.)

    Amiens. 1825. R. Machart. 1 vol. in-8 º   **d r.**

1058. Amiens en 1832 ou guide de l'étranger dans cette ville, par M. C. A. V. CARON.

    Amiens. 1832. Caron-Vitet.   **in-18.**   **r.v.**

1059. Mémoires de la Société des Antiquaires de Picardie, Tom. i et ii.

    Amiens. 1838 et 1839. Ledién fils. 2 vol. in-8.º   **d r.**

1060. Résumé de l'histoire de l'Auvergne, par un Auvergnat.
Paris. 1826. Lecointe et Durey. 1 vol. in-18. d.r.

1061. Résumé de l'histoire du Béarn, de la Gascogne su-
périeure et des Basques, par M. ADER.
Paris. 1826. Lecointe et Durey. 1 vol. in-18. d.r.

1062. Histoire de Bretagne, par DARU.
Paris. 1826. F. Didot. 3 vol. in-8.º d.r.

1063. Histoire des Rois et des Ducs de Bretagne, par de
ROUJOUX.
Paris. 1823-29. Dufey. 4 vol. in-8.º d.r.

1064. Résumé de l'histoire de Bretagne jusqu'à nos jours,
par M. B. Avocat.
Paris. 1826. Lecointe et Durey. in-18. d.r.

1065. Résumé de l'histoire du Dauphiné, par P. M. LAU-
RENT.
Paris. 1825. Lecointe et Durey. in-18. d.r.

1066. Résumé de l'histoire de Franche Comté, (Doubs,
Jura, Haute-Saône), par M. LEFEBURE.
Paris. 1825. Lecointe et Durey. in-18. d.r.

1067. Résumé de l'histoire de Guyenne par AMÉDÉE THIERRY.
Paris. 1825. Lecointe et Durey. in-18. d r.

1068. Résumé de l'histoire du Languedoc, (Haute-Garonne,
Tarn, Aude, Hérault, Gard, etc.) Par M. LÉON
VIDAL.
Paris. 1825. Lecointe et Durey. in-18. d.r.

1069. L'ermite Toulonnais, faisant suite à l'ermite en province de M. de Jouy, contenant l'histoire et le siége
de Toulon en 1792, la description de la ville et
l'indicateur Toulonnais, par M. B.
Paris. 1828. Roret. 1 vol. in-12. r.v.

1070. Résumé de l'histoire du duché de Normandie, par
LÉON THIESSÉ.
Paris. 1825. Lecointe et Durey. in-18. d.r.

1071. Histoire pittoresque du Mont St.-Michel et de Tombelène, ornée de 14 gravures à l'eau forte, par MAXIMILIEN RAOUL.

Paris. 1833. Ledoux. 1 Vol. in-8.° d.r.

1072. Résumé de l'histoire du Roussillon, (Pyrénées-Orientales) du comté de Foix (Arriège) du Bigorre (Hautes Pyrénées) et autres provinces, par JOSEPH LÉONARD.

Paris. 1825. Lecointe et Durey. in-18. d.r.

1073. Histoire des Sires et des Ducs de Bourbon, 842 à 1831. Par J. B. BÉRAUD.

Paris. 1835. Chabert. 2 vol. in-18. d.r.

1074. Histoire des ducs de Bourgogne de la maison de Valois, 1364-1477, par M. DE BARANTE.

Paris. 1824. Ladvocat. 13 Vol. in-8.° d.r.

1075. Histoire des comtes de Foix de la première race, par HYP. GAUCHERAUD.

Paris. 1834. Levavasseur. 1 Vol. in-8.° d.r.

p. — **HISTOIRE D'ASIE.**

1076. Résumé de l'histoire de Perse, depuis l'origine de l'empire des Perses jusqu'à ce jour, par T. D. RAFFENEL.

Paris. 1825. Lecointe et Durey. 1 Vol. in-18. d.r.

1077. Histoire générale de l'Inde ancienne et moderne, depuis l'an 2,000, avant J.-C. jusqu'à nos jours, précédée d'une notice biographique, avec une carte, par DE MARLÈS.

Paris. 1828. Emler frères. 6 Vol. in-8.° r.v.

1078. Histoire philosophique et politique des établissements et du commerce des Européens dans les deux Indes, (par l'abbé RAYNAL.)

Amsterdam. 1773. 6 Vol. in-12. r.v.

1079. Histoire politique et philosophique des établissements et du commerce des Européens dans les deux Indes, par l'abbé G. R. RAYNAL, N.ᵉ édit. terminée par un volume supplémentaire de M. PEUCHET, jusqu'en 1821.

Paris. 1821. **Coste et C.ie** 12 **Vol.** in-8.º atlas. r.v.

1080. Résumé de l'histoire des établissements européens dans les Indes Orientales, depuis la découverte du Cap de Bonne Espérance jusqu'à nos jours, par A. S. MÉRAULT.

Paris. 1825. **Lecointe et Durey.** in-18. d.r.

1081. Beautés de l'histoire de l'Inde, ouvrage contenant les traits les plus remarquables de l'histoire des peuples de cette partie du monde, leur religion, mœurs, etc., par M. F. S. V. GIRAUD.

Paris. 1821. **Eymery.** 2 **Vol.** in-12. r.v.

1082. Résumé de l'histoire de la Chine, par M. de S. 2.ᵉ édit.

Paris. 1825. **Lecointe et Durey.** in-18. d.r.

1083. Anecdotes arabes et musulmanes depuis l'an de J.-C. 614, époque de l'établissement du mahométisme en Arabie par le faux prophète Mahomet, jusqu'à l'extinction des califats en 1528. (Par DE LA CROIX.)

Paris. 1772. **Vincent.** 1 **Vol.** in-12. d.r.

1084. Anecdotes chinoises, japonaises, siamoises, tonquinoises, dans lesquelles on s'est attaché principalement aux mœurs, usages, coutumes et religions de ces différents peuples d'Asie. (Par J. CASTILLON.)

Paris. 1775. **Vincent.** 1 **Vol.** in-12. d.r.

q. — **HISTOIRE D'AFRIQUE.**

1085. Histoire des états barbaresques qui exercent la piraterie, contenant l'origine, les révolutions et l'état présent des royaumes d'Alger, de Tunis, de Tri-

poli et de Maroc, avec leurs forces, etc. par un
auteur qui a résidé plusieurs années avec caractère public, traduite de l'anglais. (Par Boyer de
Prébandier, sur une version de l'histoire du royaume
d'Alger de Laugier de Tassy.

    Paris. 1757. Chaubert. 2 vol. in-12.   **r.v.**

1086. Résumé de l'histoire de l'Egypte. Secondè partie.
Histoire moderne.

    Paris. 1824. Lecointe et Durey.   **in-18.**   **d.r.**

1087. Les Bédouins ou arabes du désert, ouvrage publié
d'après les notes inédites de Dom Raphael, sur
les mœurs, usages, lois, coutumes civiles et religieuses des ces peuples, par F. S. Mayeux. Grav.

    Paris. 1816. Ferra. 3 vol. in-18.   **r.v.**

1088. Histoire du Loango, Kakongo et autres royaumes
d'Afrique, rédigée d'après les mémoires des pré-
fets apostoliques de la mission française par l'abbé Proyart.

    Paris. 1776. Crapart. 1 vol. in-12.   **r.v.**

r. — **HISTOIRE D'AMÉRIQUE.**

1089. Beautés de l'histoire d'Amérique, d'après les plus célèbres voyageurs et géographes qui ont écrit sur
cette partie du monde, ornée de 32 sujets de
grav. par G.

    Paris. 1818. Eymery. 2 vol. in-12.   **r.v.**

1090. Abrégé de l'histoire des découvertes et conquêtes de
l'Amérique, par M. H. de Spinola.

    Limoges. 1838. Barbou. 1 vol. in-12.   **r.v.**

1091. Histoire de l'Amérique de Robertson, traduite par
Suard et Morellet. 4.ᵉ édit. revue, corrig. et
augm. par M. de la Roquette.

    Paris. 1828. Jeanet et Cotelle. 3 vol. in-8.º   **d.r.**

1092. Histoire de la conquête et des révolutions du Pérou, avec pièces justificatives, par ALPHONSE DE BEAUCHAMP.

Paris. 1835. **Camuzeaux.** 2 vol. in-8.º   **d.r.**

1093. Beautés de l'histoire du Pérou, ou tableaux des événements qui se sont passés dans ce grand empire, son origine et les fictions auxquelles elle a donné lieu, par le chevalier de PROPIAC.

Paris. 1825. **Vernarel et Tenon.** 1 vol. in-12.   **r.v.**

1094. Résumé de l'histoire de Buénos-Ayres, du Paraguay et des provinces de la Plata, suivi du résumé de l'histoire du Chili, avec des notes, par FERDINAND DENIS.

Paris. 1827. **Lecointe et Durey.**   in-18.   **d.r.**

1095. Résumé de l'histoire du Mexique, par EUGÈNE DE MONTGLAVE.

Paris. 1826. **Lecointe et Durey.**   in-18.   **d.r.**

1096. Le Mexique en 1823 ou relation d'un voyage dans la Nouvelle Espagne, contenant des notices exactes et peu connues sur la situation de ce pays, par BEULLOCH, ouvrage traduit de l'anglais, par M., précédé d'une introduction et enrichi de pièces justificatives par Sir JOHN BYERLEY.

Paris. 1824. **Eymery.** 2 vol. in-8.º et atlas.   **d.r.**

1097. Histoire de l'île de St.-Domingue, depuis l'époque de sa découverte par Christophe Colomb jusqu'à l'année 1818, publiée sur les documents authentiques et suivie de pièces justificatives. (Par M. CHARLES MALO.)

Paris. 1819. **Delaunay.** 1 vol. in-8.º   **d.r.**

1098. Mémoire pour servir à l'histoire de la révolution de St.-Domingue, avec une carte de l'île et un plan

10.

topographique de la Crète à Pierrot, par le baron
Pamphyle de Lacroix, lieut. général.

Paris. 1819. Pillet aîné. 2 vol. in-8.º   d.r.

1199. Résumé de l'histoire des révolutions de l'Amérique
septentrionale depuis les premières découvertes jusqu'au voyage du général Lafayette en 1824 et
1825, par P. S. J. Dufey (de l'Yonne).

Paris. 1826. Lecointe et Durey. 2 vol. in-18.   d.r.

1100. Résumé de l'histoire des Etats-Unis d'Amérique, par
C. O. Barbaroux, avocat.

Paris. 1824. Lecointe et Durey. 1 vol. in-18.   d.r.

1101. Les hommes et les mœurs aux Etats-Unis d'Amérique,
par le colonel Hamilton, traduit par le comte D. L. C.

Paris. 1835. Fournier jeune. 2 vol. in-8.º   d.r.

1102. Œuvres de D. Barthélémy Las Casas, évêque de Chiapa,
précédées de sa vie et accompagnées de notes historiques, additions et développements, par J. A.
Llorente.

Paris. 1822. Eymery. 2 vol. in-8.º Portr.   d.r.

III. Biographie.

a. — BIOGRAPHIE GÉNÉRALE ANCIENNE ET MODERNE.

1103. Le grand dictionnaire historique ou Mélange curieux
de l'histoire sacrée et profane, qui contient en abrégé
l'histoire fabuleuse des dieux et des héros de l'antiquité payenne, par Louis Moréri, prêtre. N.º édit.
rev. et augm. par Drouet.

Paris. 1759. Lib. assoc. 10 vol. in-fol.   r.v.

1104. Dictionnaire historique et bibliographique, contenant
l'histoire abrégée de toutes les personnes de l'une
et de l'autre sexe qui se sont fait un nom, etc.,
par Ladvocat.

Paris. 1822. Ledoux. 5 vol. in-8.º   r.v.

1105. Dictionnaire historique ou biographie universelle des hommes qui se sont fait un nom par leur génie, leurs talents, leurs vertus, etc., par F. X. Feller, continuée jusqu'en 1837 par Henrion. 9.ᵉ édit.

Paris. 1837. 4 vol. in-8.º maj.   d.r.

1106. Biographie universelle, ancienne et moderne, rédigée par une société de gens de lettres et de savants.

Paris. 1811 à 1841. Michaut. 69 vol. in-8.º   d.r.

1107. Dictionnaire universel, historique, critique et bibliographique, 9.ᵉ édit.

Paris. 1810. Mame. 20 vol. in-8.º   r.v.

1108. Biographie des Rois, des Empereurs et des Papes, par Laponneraye.

Paris. 1837. Dépôt central. 2 vol. in-8.º maj.   d.r.

1109. Biographie universelle et chronologie des souverains qui ont péri de mort violente, ou histoire abrégée de leurs règnes et des causes et circonstances de leur mort. Ornée de grav.

Paris. 1826. Mongie. 2 vol. in-12.   c.

1110. Recueil des morts funestes des impies les plus célèbres, depuis le commencement du monde jusqu'à nos jours.

Paris. 1829. Gaume. in-18.   r.v.

b. — **BIOGRAPHIE ANCIENNE.**

1111. La vie des plus illustres philosophes de l'antiquité avec leurs dogmes, leurs systèmes, leur morale et leurs sentences les plus remarquables, traduite du grec, de Diogène Laerce, N.ᵉ édit.

Paris. 1796. Richard. 2 vol. in-8.º   d.r.

1112. Les vies des hommes illustres de Plutarque, traduites en français par Dacier, avec des remarques historiques et critiques.

Lyon. 1803. Leroy. 14 vol. in-12.   r.v.

10.*

1113. Vies des hommes illustres et grands capitaines françois et étrangers du XVI.ᵉ siècle, par BRANTÔME : augmentées de notes et d'observations historiques et anecdotiques des éditeurs.

Paris. 1810. Desmaret. 3 Vol. in-8.° d.r.

1114. Portraits et histoire des hommes utiles, hommes et femmes de tous pays et de toutes conditions qui ont acquis des droits à la reconnaissance publique, publiés par la société MONTYON et FRANKLIN.

Paris. 1836. 3 Vol. in-8.° d.r.

1115. Dictionnaire historique et biographique des généraux français depuis le XI.ᵉ siècle jusqu'à 1820, par le chevalier de COURCELLES.

Paris. 1820. Arthur Bertrand. 9 Vol. in-8.° d.r.

1116. Biographie étrangère ou galerie universelle historique, civile, militaire, politique et littéraire contenant les portraits politiques de plus de 3,000 personnages célèbres étrangers à la France.

Paris. 1819. Eymery. 4 Vol. in-8.° d.r.

1117. Le nécrologe des hommes célèbres de France, par une société de gens de lettres. (MM. POINSINET, PALISSOT, CASTILLON, LALANDE, FRANÇOIS DE NEUFCHATEAU, MARÊT et autres.)

Paris. 1755-59. 8 Vol. in-12. r.v.

1118. Derniers moments des plus illustres personnages français condamnés à mort pour délits politiques depuis le commencement de la monarchie, recueillis et publiés d'après les chroniques et journaux du temps, par M. LÉON THIESSÉ.

Paris. 1818. Eymery. 1 Vol. in-8.° d.r.

1119. Biographie des hommes célèbres, des savants, des

artistes et des littérateurs du département de la
Somme.
Amiens. 1835. R. Machart. 2 Vol. in-8.°   **d.r.**

1120. Vie des enfants célèbres ou modèle du jeune âge,
par A. F. J. Fréville.
Paris. 1818. Genet. 2 Vol. in-12.   **r.v.**

1121. Biographie nouvelle des contemporains ou dictionnaire historique et raisonné de tous les hommes
qui depuis la révolution française ont acquis de
la célébrité par leurs actions, etc.
Paris. 1827 et suiv. Dufour. 28 Vol. in-8.°   **r.v.**

1122. Biographie des hommes du jour, industriels, artistes,
prêtres, militaires, rois, pairs, princes, savants,
chambellans, conseillers d'état, députés, diplomates,
écrivains, espions fameux, gens de justice, etc.
Par Germain Sarrut et Saint-Edme.
Paris. 1835-37. Krabbe. 9 Vol. in-4.° Port.   **d.r.**

d. — **BIOGRAPHIE MODERNE PARTICULIÈRE.**

1123. Histoire de Tancrède, l'un des chefs de la première
croisade, par Th. Delbare.
Paris. 1822. Janet. 1 Vol. in-8.°   **r.v.**

1124. Histoire de Christophe Colomb, suivie de sa correspondance, d'éclaircissements et de pièces curieuses
et inédites, traduite de l'Italien de Rossi, ornée du
portrait de Colomb.
Paris. 1824. Cameviller. 1 Vol. in-8.°   **d.r.**

1125. La vie de François de Lorraine, duc de Guise. (Par
de Valicourt.)
Paris. 1681. Cramoisy. 1 Vol. in-12.   **r.v.**

1126. Histoire de Bossuet, évêque de Meaux, composée sur
les manuscrits originaux, par le cardinal de Baus-
set, 5.ᵉ édit. augmentée d'une notice historique

sur la vie et les ouvrages de l'auteur et d'une table générale.

Paris. 1837. Gauthier fr. 4 vol. in-12.   d.r.

1127. Même ouvrage.

Paris. 1830. Gauthier. 4 vol. in-8.°   d.r.

1128. Vie du capitaine Cook, traduite de l'anglais du docteur Rippis, par M. Castéra.

Paris. 1789. Bernuset. 2 vol. in-8.°   r.v.

1129. Histoire de Corneille Tromp, lieutenant amiral général des états de Hollande, de Martin Harpetz
Tromp, son père, et des plus célèbres amiraux,
par Costard.

Paris. 1824. Masson. 1 vol. in-12.   r.v.

1130. Vie de Jeanne de St.-Remy de Valois, ci-devant
comtesse de la Motte, contenant le récit détaillé
de l'affaire du collier de diamant, de son empri-
sonnement, de son évasion, etc.

Paris. An I. Garneray. 2 vol. in-8.°   r.v.

1131. Mémoires de Henri Masers de la Tude, prisonnier
pendant 35 ans à la Bastille, à Vincennes, à Cha-
renton et à Bicêtre, par Raymond Brucker.

Paris. 1835. Ab. Ledoux. 2 vol. in-8.°   d.r.

1132. Mémoires de John Tanner, ou 30 années dans le
désert de l'Amérique du Nord, traduit sur l'édition originale publiée à New-Yorck, par M. Er-
nest de Blosseville.

Paris. 1835. Arth. Bertrand. 2 vol. in-8.°   d.r.

1133. Mémoires du chevalier d'Eon, publiés pour la première fois sur les papiers fournis par sa famille
et d'après les matériaux authentiques déposés aux
archives des affaires étrangères.

Paris. 1836. Ladvocat. 2 vol. in-8.°   d.r.

1134. Voyages et mémoires du comte Marie–Auguste de
BENYOWSKY, contenant ses opérations militaires en
Pologne, son exil au Kamchatka, son évasion et
son voyage à travers l'Océan Pacifique, au Japon,
à Formose, etc., (rédigés par J. H. MAGELLAN et
publiés par NOEL.)

Paris. 1791. Buisson. 2 vol. in-8.º   **d.r.**

1135. Mémoires de L. V. FLAMAND GRÉTRY, suivis de l'histoire complète du procès relatif au cœur de Grétry, le tout orné de portraits, vues et fac–simile.

Paris. 1828. Delloye. 2 vol. in-8.º   **d.r.**

1136. La vie de Voltaire, par M. (le M.ⁱˢ DE LUCHET.)

Genève. 1787.   **1 vol. in-12.**   **d.r.**

1137. Vie, correspondance et écrits de WASHINGTON, publiés
d'après l'édition américaine, et précédés d'une introduction sur l'influence et le caractère de Washington, par GUIZOT.

Paris. 1840. Ch. Gosselin. 4 vol. in-8.º   **d.r.**

1138. Histoire de Joachim Murat, par LÉONARD GALLOIS.

Paris. 1828. Heideloff. 1 vol. in-8.º   **d.r.**

1139. Lacénaire après sa condamnation, ses conversations
intimes, ses poésies, sa correspondance, un drame
en trois actes.

Paris. 1836. Marchand. 1 vol. in-8.º   **d.r.**

1140. Mémoires posthumes, lettres et pièces authentiques,
touchant la vie et la mort de Charles François,
duc DE RIVIÈRE, gouverneur de S. A. R. Monseigneur le duc de Bordeaux.

Paris. 1829. Ladvocat. 1 vol. in-8.º   **d.r.**

1141. Vie et mémoires de SCIPION DE RICCI, évêque de
Pistoie et Prato, réformateur du catholicisme en
Toscane sous le règne de Léopold, composés sur

les manuscrits autographes de ce prélat, et d'autres
personnages célèbres du siècle dernier, et suivis
de pièces justificatives tirées des archives de M.
le commandeur Lapo de Ricci, de Florence, par
de POTTER.

(C'est une contrefaçon incomplète, faite par les conseils de
Mg.r l'évêque Grégoire, de l'ouvrage publié à Bruxelles par
DE POTTER en 1825.)

Paris. 1828. Tastu. 4 Vol. in-8.°   d.r.

IV. Bibliographie.

1142. Dictionnaire bibliographique, historique et critique
des livres rares, précieux, singuliers, curieux,
estimés et recherchés qui n'ont aucun prix fixe,
tant des auteurs connus que de ceux qui ne le
sont pas, avec leur valeur, etc. (Par CAILLEAU
et DUCLOS.')

Paris. 1790. Cailleau. 3 vol. in-8.°   d.r.

1143. Supplément (par J. C. BRUNET.)

Paris. 1802. Delalain fils. 1 vol. in-8.°   d.r.

Omissa.

157 bis. Les femmes, leur condition et leur influence dans
l'ordre social chez les différents peuples anciens
et modernes, par le vicomte DE SÉGUR. Augm.
d'un volume qui comprend l'empire et la restauration par M. S. R. avocat.

Paris. 1825. Thiriot. 4 Vol. in-18.   r.v.

457 bis. Les Mille et une Nuits, contes arabes traduits en
français par M. GALLAND. N.e édit.

Paris. 1825. Ledentu. 8 vol. in-18.   d.r.

TABLE ALPHABÉTIQUE

DES

NOMS DES AUTEURS, DES TRADUCTEURS, DES ANNOTATEURS ET DES TITRES DES OUVRAGES ANONYMES.

D.

H.

11.*

M.

N.

Amiens. — Imp. de DUVAL et HERMENT, place Périgord , 1.

ERRATA.

PAGE.	LIGNE.	AU LIEU DE	LISEZ :
5	3	18 vol.	10 vol.
42	11	Réveil	Reveil.
42	15	représenté	représentés.
63	23	Eidermaner	Heidenmauer.
63	25	16 vol.	15 vol.
63	27—29	avantures	aventures.
64	24	Scoot	Scott.
65	2	Scoot	Scott.
69	20	2 vol.	3 vol.
69	24	312	512.
75	25	Polygraphe	Polygraphes.
89	7	9.°	6.°
105	19	Vellius	Velleius.
132	15	Thibeaudeau	Thibaudeau.
133	7	.	3 vol. in-24.
137	17	sestauration	restauration.

www.ingramcontent.com/pod-product-compliance
Lightning Source LLC
Chambersburg PA
CBHW072000090426
42740CB00011B/2016